声で思考する国語教育

〈教室〉の音読・朗読実践構想

中村佳文 著

声で思考する国語教育　目次

序章　声で思考する――〈教室〉の音読・朗読――

一、「音読」との邂逅

高校三年生の時に、大学受験対策の夏期講習会を受講した。当時、著名であった古典講師の講義で一番前の席に座ると、最初に指名されて壇上で教材文を読むように指示された。受験対策講座でこのような展開になるのは予想外であったが、あっけに取られる間もなく、約三百名はいたであろう大教室の教壇上でマイクを使用して『宇治拾遺物語』の一段を声に出して読んだ。読んでいるうちに緊張というよりは、文体の流れに引きづり込まれるような錯覚に陥り、むしろそれによってリズムよく最後まで読み切ることができた。読み終って座席に戻る際に、講師が「上手いね。これほど上手く読める人はそんなにいない。上手いね。」と絶賛のことばを掛けてくれた。これが〈教室〉という空間で、私が「音読」と真に邂逅した瞬間であった。

それまで、小学校・中学校・高等学校において「国語」の時間に、「音読」をすることはあっても、これほどの評価を受けたことはあまりなかった。それでも小学校のうちは、かなり真剣に読んでいた記憶がある。中学校では国語教師の人柄の良さに誘われて、「音読」や「文学」が次第に好きになっていった。しかし、高等学校においては、「音読」そのものが頽廃した雰囲気そのものであり、指名された者が一人孤独に読んでいるかのような印象であった。「授業」という建前において、教師は生徒を指名して「音読」を強制し、指名されない生徒は個々の勝手な思いに浸るのみで、〈教室〉に流れる声は、ほぼ授業においての公的な意味を持たなかったように記憶している。したがって、指名されても「音読」の意義を感じないことが次第に自明のこととなり、〈教室〉全体に聞こえようが聞こえまいが構わないという風な、独りよがりな「音読」を多くの者が実践した。敢えて〈教室〉全員が聴こうとした場面は、受け狙いの者が、本文を巧みに卑猥なことばに改編したり、地方から転校してきた者が、方言のイントネーションを敢えて自分の個性として表出し、ユニークに読んだ時ぐらいである。

したがって、「音読」をする場は次第に個人的な空間に限定されてきた。家に帰って勉強部屋に籠もり、古典を含めた様々な文学を独りで納得が行くまで「音読」した。それは決して〈教室〉で発表する為ではない。あくまで自分自身が文学作品と向き合うためであった。「音読」が習慣化すると、「国語」以外にも応用を始めた。英文をいかに流暢に読むかということを意識して、家での「音読」を繰り返し、学校の英語教師より上手くなろうと心懸けた。しかし、それが「英語」の授業で評価される場面は一度もなかった。英単語を記憶する際には、単語と日本語訳を相互に「音読」していた。それが次第に、授業のようになってきて、勉強部屋において独り模擬授業を繰り返す日々が続いた。人に教えようと意識すると、自ずと記憶は脳に定着していた。

今にして思えば自分のこうした経験は、高等学校の〈教室〉において、「音読」が頽廃的であったからこそ、個人的に愛好するようになり、その恩恵まで被ったという皮肉な結果のように映る。それでも小学校・中学校を通じて本が好きだったこともあり、「文学」への興味と相俟って、一定の「音読力」が付いていたのだろう。そんな潜在的な、自分でも気付かなかった能力を、一瞬にして開花させてくれたのが、著名な古典講師のことばであった。その当時は、「大学受験の古典」といえば全国に名が知られていた講師のことばを、非常に重く受け止めた。〈教室〉での古典授業そのものが、本当に面白く感じたのは、このときが初めてであった。

二、「音読」の効用

中学一年生のときであっただろうか。担任でもある国語教師が、授業中に「春の七草」を覚えようといった。「覚える」ということに対して嫌悪感を示すのは、たぶん今も昔も世代を問わず〈教室〉での通例であろう。その国語教師のことばに〈教室〉全体が溜息に包まれたと記憶している。しかし、自分としては嫌悪感以前に、「春の七草」が示してある教科書のことばの並び方に興味が湧いた。例によって心の中で既に数回の「音読」を繰り返していた。

せり　なずな　ごぎょう　はこべら　ほとけのざ　すずな　すずしろ　これぞななくさ

この流れるような日本語のリズムは何だろう。同時に「七草」の名前を列記した最後に、なぜ「これぞななくさ」などという分かりきったことばが、付け足されているのかが妙に気になったものである。心の内で読んでいるうちに、「五・七・五・七・七」の和歌のリズムであることに気がついた。そんな当時の素朴な発見を、今現在の自分の頭で解析すると次のようになる。

「せり　なずな」という序曲的なうたい始め、「ごぎょう　はこべら　ほとけのざ」は、たぶんこのリズムに乗っていなければ簡単には記憶に刻まれなかったに違いないが、「七五調」の流暢なリズムが自然とことばを脳裏に遺す。「すずな　すずしろ」と「これぞななくさ」という並列されたリズム感が、この短い曲調を静かに終息させる。決して「七音」で一単語というわけでもなく、リズム単位と意味単位が完全に合致するわけではないが、「五音」を「二音（せり）・三音（なずな）」、「七音」を「三音（すずな）・四音（すずしろ）」と「小・大」の分割が施されているところに、むしろ更なるリズムの躍動が顕れる。また、各句に濁音が適度に挿入されている効果も大きい。「ごぎょう　はこべら　ほとけのざ」は、「前・中・後」という三段階で、濁音の位置が移動していく。最終句に至っては、「ぞ」という強意の係助詞であるから、なお一層、記憶に念押しするような効果が生まれる。

こんな「音読」経験から、その後、「春の七草」を忘れることはなかった。中学一年生時点で、これを記憶する意味を理解できる生徒は皆無であっただろう。しかし、その時点で意義を感じなくとも、その後の長い人生において反芻される機会があったとき、「音読」という方法で身体的に暗誦されているかどうかは、実に大きな相違となる。毎年のように一月七日の天気予報などで、「春の七草」を取り上げる場面を耳にすると、自然に脳裏には「せり　なずな……」が響いた。記憶の領域を超えて身体化する。これは周知のようにベストセラーとなった齋藤孝氏の『声に出して読みたい日本語』（草思社・二〇〇一年）において、「暗誦・朗誦文化の復活」をねらい、「身体文化の伝統」として「技化」することを提唱した考え方で示された。「身についたものは当人も知らないあいだに心身のあり方に影響を与える。」という「効用」が、「身体に活力を与える言葉」（同書「おわりに——身体をつくる日本語」）の項で述べられている。まさに自分の経験に照らし合わせると、中学校一年生時点で、「身体化—技化」した「春の七草」が、その後の人生で一つの教養として機能し、和歌的なリズムを深く体感したことによって、人生をも左右する大きな影響を及ぼしたことになる。ただ、「身体化—技化」したものであっても、それが無意識に潜在しているのではなく、様々な思考を意識的に醸成し芽生えさせる根源であるという実感が伴っている。

確かに小学生までは、「暗誦すべきものを厳選し、子どもの場合はテンポよく、しかも間違いを気にすることなく毎日日課として繰り返す。そのような工夫が必要である。」（同書「おわりに――身体をつくる日本語」の「子どもはことばのリズムを楽しむ」の項）という主張は首肯できる。意味が理解できなければ、暗誦する意味がないという訳ではないはずだ。むしろ積極的に、古典作品なども含めた暗誦を「楽しむ」べきであると思う。しかし、中学校以上になった途端に、暗誦を含めた「音読」に対しての意識に大きな変化が生じるのも事実である。個々の〈教室〉の実情によっても違うが、発達段階に応じて「音読」「暗誦」を実践する方法に、適切な変化が求められているはずである。自分自身の経験を踏まえて、「音読」「暗誦」を〈教室〉でどのように行うかということにおいて、特に指導者は十分に意識を高く持つべきであると思われる。

私が今でもこのような人生を歩んでいるのは、中学校一年生で信頼できる人柄と文学的教養を兼ね備えた担任でもある国語教師に邂逅したからである。それゆえに、中学校・高等学校での「国語教育」のあり方は、人生を左右するほどの重要性があるという意識を持っている。その現場で「音読」「暗誦」をどのように実践するか。そんな命題に立ち向かう姿勢を与えられたのも、自分の中学一年時を基点としているのである。

三、「音読」と学問研究

大学に入学するとかねてから志望していた文学研究に出逢った。文学部という場では、和歌をどのように「読むか」という時の「読む」は、「解釈」という意味であった。その「解釈」の精度を上げるために、いわゆる古典研究の訓詁注釈を施す方法を学んだ。また、原典をどのように「読む」かという文献学的研究方法にも触れて、影印本を「解読」する手段も学んだ。中高教員免許取得のために履修した「国語科教育法」においても、その主たる内容は、近代文学を教材としていかに「読む＝解釈」するかであって、決して授業方法論自体を学んだ記憶はあまりない。もっとも「文学研究」のあり方に崇高な理念を感じていたので、むしろ文学を解釈する研究方法に惹き付けられる点も多かった。こうした学部時代において、「音読」はどこに存在していたかと振り返ってみる。すると、自分に影響力が大きかった二人の恩師の名が浮かぶ。

まず一人は、『後拾遺集』から『万葉集』までの古代和歌を幅広く研究対象にしていた上野理先生である。上野先生の授業は、大学二年生の演習で『万葉集』を扱っていた。一首の和歌をどう読むかということに、これほどの奥深さを感じたのは初めてであった。その授業の中で先生は、その日の課題となる長歌なり短歌を朗々と「音読」されていた。古代和歌のリズムとはこんなにも魅力的なものかと、早速自宅に帰って自分でも「音読」をしたものである。和歌というのは、やはり「音」から内容を聴き取るべきだという思いを強くしたのもこの機会である。その後卒論指導に至るまで、上野先生とは学生研究班の活動として『万葉集』『古今和歌集』を講読する機会も得られ、また和歌が詠まれた風土である京都・奈良を訪ねる旅行などにも同行し親交を深めた。仲間内では、上野先生の万葉歌「音読」をすぐに真似をするという雰囲気が常にあった。自分が音声表現研究と並行して和歌研究にこだわっているのは、こうした背景がある。

もう一人忘れてはならないのが中国詩歌研究の松浦友久先生である。松浦先生とは一年生の「初級漢文」という随意選択科目で出逢った。そこで行われていたのが、漢詩の中国語による「音読」である。高等学校まででは聴いたことのなかった漢詩の響きが、教室で再現されていた。中国語を学び始めた時期とその科目内容が相俟って、中国音による漢詩「音読」の魅力に取り憑かれていった。松浦先生の授業は、その後も四年間を通じて単位に関係なく参加させていただいた。また「中国詩歌概論」という科目が三年時に初めて設定されて、その内容は、先生の御著書『中国詩歌原論』（大修館書店・一九八六年）に纏められることになる。そこで考えさせられたのは、「詩歌の根源的なリズム」という問題である。漢詩を中国音で「音読」するリズムと日本語への直訳たる訓読によって「音読」するリズムの双方に魅力を感じ併用することで、韻文たる漢詩はより一層の輝きを放つことを知るに至った。自分の「音読」という範疇に「外国語による」という新たな領域が付け加えられた。なお、松浦先生の日中リズム論としては、『リズムの美学――日中詩歌論』（明治書院・一九九一年）に詳しく、本書の中でも参照資料として引用した部分もある。

こうして今にして考えると、大学学部時代において直接的に「音読」を学んだり実践したりすることはなかったが、大きな影響力を与えていただいた恩師二人が、〈教室〉という場で「音読」を実践し、それを基点に文学の奥深さを講じていたことが、自分自身を虜にしたということがいえそうである。やはり「音読」の影響力は、〈教室〉では不可欠であり、なおかつ偉大であることを感じた貴重な経験である。

四、「届く声」と「聴く力」

大学卒業後、自らが教壇に立つようになった。研究への志に後ろ髪を引かれながらも、現場である〈教室〉で自らの志を表現することに憧れた。しかし、その思いはすぐに現実とは乖離していることを知らされた。初任時、高校非常勤講師として担当したのが高校三年生の「古典」の授業。自分よりその学校の環境に適応しきっている生徒たちは手強かったといってよい。あるクラスでは、すぐにこちらが顔と名前の一致していないことを見抜き、好きな座席に移動しているという状態。その結果、「古典」の授業では「音読」どころの騒ぎではない。自分勝手なお喋りが横行するようになる。それでも自らの信念である「音読」をしていた記憶はあるが、自分が高校時代に生徒として経験したものと同じ性質のもの、つまり〈教室〉空間でただ一人で孤独に声を出しているだけなのであった。

新学期から一ヶ月ほど経った頃であろうか、堪忍袋の緒が切れた私は、とうとう「うるさい—！」と〈教室〉全体を怒鳴りつけた。その声の音量は、まさに校舎中に響き渡るほどであったと記憶している。後になってそのクラスの担任の先生が聞きつけていたらしく、謝りに来たほどだから。ともかく、あるだけの力を振り絞ってできるだけ大きな声で怒鳴りつけたのだった。〈教室〉は一斉に静かになった。自分の目論見が功を奏したと思った数秒後、ある男子学生が「お前の方がうるさいよ。」と言って椅子から起ち上がった。彼の目は血走っており、今にも教壇に歩んでこようかというような形相であったが、それを周囲の数名の生徒が小声で「やめろよ」といって制止していた。その瞬間、自らの愚かさを一気に自覚した。確かに自分が生徒であっても、教壇から大声で怒鳴る教員を「うるさい」と思ったであろう。教員という権力を「大声」という装置に変換して、〈教室〉で放ったところで、決して一人一人は理解してついてきてはくれないのだと悟った。今にして思えば、このとき私に迫ろうとした生徒は、正直な心の内を最大限の表現で伝えてくれたことになる。その後、彼との関係は改善しむしろ話せる仲になり、こうして自著のエピソードとして引用するほど感謝している存在となった。その時から、自らの声を〈教室〉で届けるにはどうしたらよいかということに苦悶する日々が続いた。〈教室〉で「届く声」を送り出す為には、自ずと「聴く力」を意識しなければならないはずである。次第に、そんな意識で常に「聴く側」の立場を意識する音声表現を心掛けようと試みた。

二校目の赴任校は中高一貫女子校であったので、授業中に「音読」をすることに対して比較的従順な姿勢を持っている生徒が多かったように思う。中学生担当となれば、毎回授業の最初に『百人一首』を「音読」

する試みをしていた。高校「古典」の担当となればやはり毎時間、「古典冒頭文」を「音読」し続けることを試みていた（第二・三章にその実践的理論を掲載）。ゆえに生徒も、日常的に「音読」することに慣れて『百人一首』の暗誦や古典のリズムの良さを体感できる素地が出来上がって行った。そんなある日、高校一年生の「古典」の授業をしていると、ある教員が授業相互見学の為に教室の後ろで参観していた。生徒を指名して内容解釈を復習しながら「音読」する授業であった。一通り切りのいいところになって、後ろに来ていた教員が、「先生はどのように音読するのですか？」と質問した。この質問が意外だったのか、生徒たちも呼応し「聴いてみたい」という要望が相次いだ。もちろん、それまでにも〈教室〉で「音読」をすることは実践していたが、生徒全員が興味深く聴き入るような状況にまでは至っていなかった。要するに、未だ「音読」を有効に〈教室〉で活用していなかったということである。生徒たちは、指名されて自分たちが「音読」する立場から、一転して担当教員を指名して「聴く」立場に転じたのである。この時、自分がそれまで志向してきた「音読」に対する思い入れが爆裂したといってもよい。『平家物語』「木曾の最期」を全篇通して朗々と読み上げた。読み終えると〈教室〉中に拍手が湧き起こった。自分自身が高校三年時の夏期講習で経験した感激の再来であった。しかし、果たしてそこで拍手を得た自分の「音読」は、生徒にとって心地よいものであったのだろうか？　そして、このように偶然により設定された状況下が、〈教室〉に「届く声」――「聴く力」を喚起したわけであるが、それは日常の授業でできているのだろうかという問題意識が高まった。

〈教室〉で行う自らの「音読」を検証する場が必要である。そんな意識を持ちつつ、所属する早稲田大学国語教育学会などで場を模索している際に、まさしく出逢ったのが早稲田大学教授の金井景子氏である。金井氏は、近現代文学の研究者であるが、同時に「朗読」によって文学をどう伝えるかという研究課題をもっていらした。自らの問題意識と金井氏の考案していることが、偶然にも一致した。これを契機に、早稲田大学国語教育学会で「朗読の理論と実践の会」を創設することになった。この会における様々な成果は、『声の力と国語教育』（大津雄一・金井景子編著・学文社・二〇〇七年）に詳しい。

更にその後の二〇〇七年度、早稲田大学教育学部が文部科学省から「ことばの力GP」に採択され、「ことばの力を創生する教員養成プログラム――世界へ開く国語教育のために」を一年半にわたって展開した。その場において私が現職教員として担当したのが、「届く声―聴く力のレッスン」であった。こうして様々な経験をもとにしながら、「届く声」と「聴く力」を〈教室〉で育む具体的なプログラムが、理論的にも実践的にも構築されていく日々を迎えることになった。

五、「音読」の目的は何か

大学生に対して、「高等学校や中学校で「音読」が好きであったか」と尋ねると、大抵が鈍い反応が返ってくる。それは、自らが国語教員を目指す教職志望の学生でも同じである。では、「なぜ好きでなかったのか」その原因を議論する機会を設けることがある。すると多くの学生が口にするのは、「〈教室〉で何のために「音読」をするのか、その目的がわからなかった。」というのである。そして目的がわからない中で、指名され半ば強制されて〝孤読（孤独な「音読」）〟を経験する。各学校の実情によっても差異はあるが、この〈教室〉空間での目的なき強制「音読」が、逆に「音読」を嫌悪する原因になっているのである。

国語科の学習指導案などを見ると、必ずといっていいほど授業の導入時に、「音読」が学習活動として行われるようになっている。それはたぶん、少なくともここ三〇年以上変わらない現象ではないだろうか。ではなぜ新教材の導入時に「音読」を行うのか。それはたぶん教材を理解するという意味での「読み」を、教室で共有するためである。これから授業で扱う教材文を、まずは一度読み味わってみるわけである。ただこれが「読み味わう」という目的だけならば、何も「音読」という方法に拠らなくてもいいことになる。各自が黙読してもいいはずだ。このあたりの矛盾にこそ、集団一斉による授業を〈教室〉で成り立たせなければならない現場教員の葛藤がある。三〇名から四〇名という人数が一斉に授業を受けて学習活動をこなし、成果を上げるということ自体が国語科においては無謀な行為なのかもしれない。なぜなら読書は、様々な面で極めて個人差がある学習活動であるからだ。それゆえに、個々の「読む」行為への配慮もなく、パフォーマンス的な内容を実施して「理解が進んだ」格好をつけなければならない。そうした意味において「音読」は、個を無視した恰好の学習活動なのである。よって、多くの生徒が目的意識もなく、授業時間を成り立たせる体裁として「音読」を強制されて、「音読」嫌いとなりその延長上で「国語嫌い」となる。

自らの経験も踏まえて述べるならば、〈教室〉で行われる「音読」を「表現」と捉える意識が現場では決定的に欠如しているように思われる。ここまで本章においては、一貫して「音読」という語を使用してきたが、それは「朗読」とどのように違うのか。あるいは、本章二節で述べた「暗誦」との関係性はどうなるのか。用語の定義からして曖昧である。指導者として〈教室〉で授業実践をするにあたり、この音声表現による学習活動について、明確に定義しておく必要性を痛感したのである。

また、日本の国語科授業に欠如している要素に「音声表現」や「演劇」があることは、既に平田オリザ氏などが指摘している。平田氏は著書（『コミュニケーション力を引き出す――演劇ワークショップのすすめ』平田オリザ・蓮行著・PHP新書・二〇〇九年）の第5章「フィンランドメソッドにおける演劇の重要性」で次のように述べているので、ここに引用しておくことにする。

また、最近注目を集めているフィンランド・メソッドですが、フィンランドの国語の教科書を見ると、だいたい各単元の最後がみんな演劇的手法になっています。「今日習ったお話を劇にしてみましょう」、「今日読んだ物語の先を考えて、人形劇にしてみましょう」、「今日のディスカッションを題材にしてラジオドラマにしてみましょう」といった具合に、集団で行う表現の学習が盛り込まれているのです。

基本的に、彼らは「インプット、感じ方は人それぞれでいい。バラバラな方がいい。でも、それだけでは社会生活が営めない。何らかの形で集団で共有できたものを、合意できたものとして時間内にアウトプットしていこう」という姿勢で、教育を行っているのです。

その際、演劇は非常に役立ちます。アウトプットに向かっていくという目標があるから、子ども達はどうにかして共有できる部分を見出さなければならないし、その共有部分を表現しなければならないのです。

これまでの日本の教育は逆でした。感じ方のほう、つまり読解について、一律の答えを求めるわけです。「この作者の言いたいことは何でしょう、五〇字以内で答えなさい」という問題を出し、マルかバツかになってしまうのです。

それでいて表現のほうは、「個性だ」などといってバラバラの状態を許容する。でも、社会の要請は違います。むしろ、逆なのです。感じ方は個性だからバラバラでもいい。でも、表現は集団で行わなければならない。社会は常にそうした形で進んでいくのですから。

フィンランドの、特に小学校の課程では、誰かがすぐれた意見を言っても、それ自体はあまり評価されません。評価されるのは、「誰が、いかにしてまとめたか」という点です。どうにかして意見をまとめたやつが一番偉いのです。

バラバラの感じ方をする個々人が、作品という集団表現に折り合いながらまとまっていくという「演劇」は、このアウトプットのトレーニングに非常に適しているのです。

この平田氏の見解に即して述べるならば、日本の〈教室〉で行われている「音読」は、マルかバツかで二分法化された「感じ方」を、全員で強制的に共有するために集団内で行われる本末転倒な学習活動といわざるを得ない。フィンランドメソッドのみが優れているわけではないが、日本の国語教育は様々な要素を他国の方法から学ばなければならないはずである。

六、身近な演劇的要素

本章の最後として、身近にある演劇的要素について「音読・朗読・暗誦」という本書で取り上げていく音声表現方法が理解できるよう、具体的な例を挙げておきたい。演劇と教育との関係について実践的な活動を多数展開してきたのが、著名な竹内敏晴である。竹内氏の演劇創造・人間関係の気づきと変容などの実践的レッスンは、様々な現場で展開されてきた。その著書を紐解けば、具体的レッスン展開がライブ感豊かに語られている。その中に、「「春がきた」のレッスン」というものが紹介されている。（『声が生まれる』竹内敏晴・中公新書・二〇〇七年）レッスンの詳細は、同書をご参照いただきたいが、竹内氏の実践してきた「ことばのレッスン」の導入として、「みんなが知っている歌」を歌うのは重要なことであると説かれている。ただ、たいていレッスンを行うと、歌い方に違いはあれども「両足をそろえ、直立不動の姿勢」であることは共通しているという。これを竹内氏は、「現代の歌の根本的病弊」だとし、「小学校以来の唱歌、あるいは音楽教育の罪」だと指摘する。これを読んだ際に、「根本的病弊」は何も音楽だけでなく、「国語」の「音読」にもいえることだと痛感した。これまでに述べてきた、〈教室〉で強制される「音読」では、たいてい一人の生徒が指名されて、しかも起立して姿勢を良くし、場合によると教科書の持ち方まで指示されるのである。これでは竹内氏が述べているように、「うったえる」に通じる「うた」にはならないのと同様に、文学的な「表現」になどなりはしない。〈教室〉空間というのは、様々なルールを伴うのは必然であろうが、そのルールが適切な範囲を超えて生徒の身体を抑圧し、出すべき豊かな声を奪い、集団的〝空気〟に合致した方向の表現しかできないようにするのである。こうした強制力を、教育の重要な目的と取り違えているケースは、現在にしても多々散見されると思う。

身体への強制力の問題はさておき、この「春がきた」という歌を、まずは〈教室〉にいる全員で歌うことを想定しよう。その際には、多くの人がこの歌詞と曲を既に知っていることにより、歌う行為そのものは問題なく行われるであろう（竹内氏も指摘しているが、それでも最近、この歌曲を知らない子どもが増えているという）。頭に入っている歌詞と曲は、ほとんどその意味内容を意識することもなく、単なる「声」となって教室に流れることになる。まさに本章二節で述べた齋藤孝氏のいう「身体化」「技化」された状態であるわけである。これは、「暗誦」されているという状態であるが、表現者がどのような意識で「暗誦」を表出しているかによって大きな違いがあると考えられる。ことばである歌詞内容を無意識に表現し、その表現内容に対して無頓着な状態であるか、あるいは聴く側に対して、意識をもって歌詞内容を伝えようとしているかで、大きな差異が生じているはずだということである。〈教室〉においても「暗誦」が課題として求められる場合が、国語科に限らず英語科などでも考えられるが、たいていは内容を把握して「暗誦」する学習者は少なく、多くが「音声」のみを鵜呑みにして来て、評価という関門を通過するために一時凌ぎで吐き出すことになる。そして評価の関門を通り過ぎれば、綺麗さっぱり潔く忘却する。これが〈教室〉における強制的な共通課題による「暗誦」の実態である場合が多い。それでも小学生や中学生の最初の頃までは、ことば遊び的な要素も伴って楽しむことも多い。しかし、やはり年齢が上がるにつれて、果ては「大学受験には出ないから」という理由で、頽廃的な「暗誦」しか行わない実態があることは否めない。

さてそこで、「春がきた」を改めて内容を確かめながら読んでみることにする。竹内氏のワークショップでは、「「春がきた　春がきた」と言っている人と「どこにきた」と言っている人は同じかな？」という問いを発しながら、次第に参加者に歌詞の内容を把握させていく。このように内容理解を目的として「声」に発しながら、様々な感じ方の可能性を思考するのが、本来の「音読」という行為である。「春がきた」では後半の歌詞である「山にきた　里にきた　野にもきた」についても発言者は誰かとか、「山」「里」「野」とは何であるかという理解のヒントを竹内氏は振りまきながら、その内容を腑に落ちるまで吟味していく。文字を読んだり、身体的に暗誦されているのではわからない内容理解を、「声」にしてみることで発見していく、まさに「音読」とは主体的かつ個性的な学習活動なのである。

こうした歌詞において発言者が複数だと想定されたり、その単純なことばに含蓄のある意味が込められていることを理解した上で、他の人々に届ける意識を持って表現するのが「朗読」ということになる。ゆえに、舞台で俳優が行う行為は「音読」ということはあり得ず、必ず「朗読」であるはずだ。また演劇そのものを考えれば、身体的な動きを伴った究極の「暗誦」とも言い換えることができよう。

身近な唱歌などに対して精緻な「解釈」を加えていくことで、それは演劇的表現行為にも昇華させることができる。竹内氏の実践は、このような点を存分に展開する効果的な活動である。何も演劇的活動といって大仰なものを想定しなくても、すぐに実践できることを竹内氏は教えてくれる。

七、各章への扉

序章として、いささか私自身の体験談に紙幅を割く部分も多かったが、「〈教室〉の音読・朗読」について、様々な問題の所在を炙り出せたと思っている。同時に、私自身がなぜ音声表現にこだわるのかについては、十分にご理解いただけたのではないかと思う。誰しもが経験するであろう〈教室〉という空間で、音声表現を有効に機能させるためにはどうしたらよいか。毎度の指導要領の改訂においても、必ず「音読・朗読・暗誦」が学習活動として重視されながら、その現場における実践が改善されることなく、甚だ感覚的なものであったり杓子定規に沿ったものであるのは、嘆かわしいと思い続けてきた。そのような〈教室〉に、少しでも「声で思考する」方法を具体的かつ理論的に伝えられないかと考えたのが、本書執筆の動機である。

以下、各章で具体的な教材に即して「〈教室〉の音読・朗読」のあり方を、共に思考していきたいと思うのである。

第一章では、「音読・朗読・暗誦」という語を〈教室〉で使用する際の定義と、運用にあたり授業展開の中でどのような可能性があるか、その実践方法を提示したものである。まさに〈教室〉の音声表現の基礎理論を提示した章である。

第二章は、〈教室〉に「音読・朗読・暗誦」を根付かせる方法として、授業最初の五分間を利用し、年間を通して行う「古典冒頭文」を教材とした実践構想を理論化したもである。

第三章は、古典和歌や近現代詩などの韻文を教材として、その理解・表現を行いつつ、パロディを学習者が創作し、〈教室〉でのコミュニケーションを意図した展開をする試みである。

概ね、本章を含めてこの三章までの四章分における方法は、〈教室〉の音声表現の基礎となり、様々な教材に入れ替えて実践しても可能であると考えている。読者の方々においては、授業の構成パーツとして「音読・朗読・暗誦」を有効に汎用するヒントにしていただければ幸いである。もちろん「授業」のみならず、サークル活動などで音声表現を楽しむ機会に導入していただくことも可能である。

第四章以降は、教材ごとに特化した「音声表現」を導入した実践構想となる。

第四章では、中学校定番教材である太宰治『走れメロス』を音声表現により学習していく授業実践の道筋を理論化した内容である。小説の細部にわたる理解を、他者に表現する「朗読劇」に至る過程において消化していく点に特徴がある。

第五章は、漢文の授業で必須の漢詩教材において、その〝音読〟方法を検討することにより見えてくる、新たな授業多様化の一試論である。同時に近代における翻訳詩などと並行した「音読・朗読・暗誦」を実践し、漢詩におけるリズムの美を発見する方法の提示となる。

第六章は、高等学校古典授業の中心である中古文学を音声で表現する試験的な実践を理論化したものである。文法学習中心の分析的な理解・鑑賞から、「音読」を再認識し古典の文体が持つ流麗な音の流れを再現していく方法である。

第七章は、音声表現としてその真価を一番発揮するともいってよい『平家物語』を、「群読」という方法で学習する実践構想を理論化したものである。元来、語り物である作品を文字としてではなく、音声として享受し古典学習のあり方を再認識すべき内容の提示である。

なお、第四章以降には、筆者が過去に学習者とともに実践した「朗読発表」の脚本例を章末に添えて、そのあり方を具体的に理解していただく一助にした。あくまで、音声表現とは、教材を手にした各自が主役になるはずであるという信念から、音声そのものを一方的に提供する付録CDなどによる添付は意識的に避けた。各章に掲載した脚本例を、更に読者なりに編纂いただき、自らの理解を反映した〝世界で唯一無二〟の「音読・朗読・暗誦」を創作していただきたい。そこに至福の喜びが待っていると筆者は期待している。

それでは、「声で思考する」ことを繰り返しつつ、「音読・朗読」を通したコミュニケーションを、この誌面において皆さんと交えていくことにしよう。ぜひ、躊躇なく「声」に出しつつ、「思考」を活性化させていって欲しいと願う。

第一章　音読・朗読・暗誦の定義と実践構想

一、「読む」ことに必然な「声」の存在

「読む」といえばどのような行為を指すことになるだろうか。学校の〈教室〉空間で、「さあ、読みましょう！」「読んで下さい。」「読んでみます。」などと教員がいったときに、一般的に学習者は「声」に出して読むことを想起するはずである。そして、必ずといえるほどに、「声」で読む時間が授業内で確保されている。このように〈教室〉空間に限定したとき、「読む」という行為は、限りなく「声に出して読む」という概念で捉えられる。しかし「新聞を読む」といえば、必ずしも「声に出して読む」ことを意味しない。いや、意味しなくなって来てしまったという方が正しいかもしれない。少なくとも現代において、朝の家族が囲む食卓や、電車内で「声に出して（新聞を）読む」ことが実践されたら、周囲は迷惑千万であろう。もちろん時代相からいえば「新聞」は「Ｗｅｂ」と置き換えることも可能で、「Ｗｅｂ画面を読む」ことは「声に出して読む」ことを意味しない。

このように場面・状況の違いによって「読む」という行為は、狭義で「声に出して読む」であり、広義には「文字列を判読する」ということになる。だが単純に「狭義―広義」という二項対立で考えてよいかどう

かには、甚だ慎重にならざるを得ない。前者にも「判読」という意味合いが含まれる場合も多く、後者に「声に出して」という行為を見出すことも可能であるからだ。

〈教室〉でなぜ「声に出して読む」のかといえば、個々の学習者が教材を理解し、その内容を共有する為である。しかし往々にして〈教室〉空間では、この根本な目的が忘れ去られている場合が多い。「声に出す」ことそのものが目的化してしまい、「内容を理解する」という本来の目的が成し遂げられないままになっているのである。いわば、授業の為の授業が行われてしまい、学習者は「読まされる」から「仕方なく読む」という実に消極的な動機で、教材を半ば頽廃的に「声に出して読む」のだ。その気怠さの中に「意味内容を判別する」という精緻な思考が存在するのは難しい。まさしく学習者は「声に出す」だけになってしまう。これは暗誦などを課題として学習者に課した場合も同様である。意味内容を理解した上で暗誦ができるようにしてくるのではなく、暗誦そのものを評価の対象にするから（テストがあるから）という理由で、義務的に無理矢理動機のない暗誦を成し遂げてくるのだ。したがって暗誦できたことが評価される機会を通過すれば、すぐさま暗誦は脳裏から消え去ってしまう。いずれにしても、目的意識のない消極的な「読む行為」が、〈教室〉で繰り返されている場合が少なくないのである。

また一般的に、新聞やWebなどの情報を「読む」際にも、「声に出して」という要素が存在しないわけではない。例えば自分と関わりの深い記事を偶然にも発見した時など、思わず「声に出して」読むことが無意識の中で行われていることがある。映画の一シーンなどの場合は、演出上そのような行為を演技として取り込むのであろうが、それが果たして大袈裟すぎる行為とばかりもいえない。無意識の驚嘆・歓喜・悲哀・憤怒は、必然的に「声」となって表出する場合があるのは否定できないであろう。そうした際に「読む」という行為は「声に出して意味を判読する」という、冒頭で対立関係で述べた行為の両義性を兼ね備え、場所や状況に左右されない行為となるのである。

よって「読む」という行為自体が、一筋縄ではいかないということになる。「判読」という情報入力行為と同時に、「発声」という情報表現行為との間を往還しており、その目的によって比重の置かれ方が変化するのである。〈教室〉に限らず、日常的に「読む」行為をしている我々は、この点に自覚的にならなければならないはずだ。

二、理解（入力）と表現（出力）の自覚

一昔前ならば、新聞を「声に出して」読む老人がいたという話を聞いたことがある。新聞は客観的な情報ツールであるから、その文章を「声に出して」読むというのは、あくまで情報入力の為である。時代を遡れば、識字するという能力自体に格差があり、家族や職場を代表して大勢に「読み聞かせる」という役目があったはずだ。そんな習慣が家庭内等で稀少に残存していて、その延長上の行為であるとも考えられる。いずれにしても、自分を含めた周囲の人々に、情報の内容を理解し入力するために、「声に出して」読むという行為がなされていたわけである。

一方、文学作品等を読んだ場合、個々人の中に様々な享受の仕方があり得る。受け止めた作品解釈が、果たして妥当かどうか。そんなことを論じ合い批評し合うことが、実に大切な思考の訓練になるのは自明のことだ。だが日本の国語教育の中では、この過程が重視されることなく行われてきた傾向がある。文学作品の解釈は、指導者が提示するものへと収束されていき、例え様々な意見が出されたとしても最終的には唯一の「答え」に向けて指導者が誘導することになる。その授業内容による試験において、一定の「答え」となる内容を提示して評価しなければならないということが、このような方法を採らざるを得ない大きな理由であ

る。集団を対象にした一斉授業と試験を行わなければならない制度の中では、これもやむを得ない方向性なのは十分に理解できる。

だが、一つ問題なのは、様々な享受の仕方が存在するはずなのに、それを指導者の解釈で誘導し纏めてしまおうとする構造である。その多様な意見の調整自体を、学習者同士が折り合いを付けていくという過程にこそ、意義深い学習効果が存在すると考えられる。学習者で構成される小グループの中で、個々の意見を調整し纏める。その為にも纏める意義を明示しておく必要もある。意見調整が為された後には、その享受のあり方をテーマにした内容で「表現（出力）」する機会を設定しておく必要がある。文学をどんな「物語」として享受し、様々な意見交換を経て一つの表現として出力するか。出力の方法は多様であるが、最も手軽に実施できる方法が「朗読」である。

学校教育における国語の授業は、「読む」ことに始まり「読む」ことで終わるといっても過言ではないであろう。しかし、その方法があまりにも「文字として読む」ことに偏向しがちであるのも、これまでの国語教育の大きな反省である。いわゆる国語教育でいうところの四領域、「読む」「書く」「聞く」「話す」において、学習者が受け取る側になる「読む」「聞く」が、本来は同質性のものではないかと思われる。すなわち、「読む」場合にもそれが黙読であるにせよ、頭の中に「声」が存在するし、「聞く」場合に文字が眼前に存在しなくても、頭の中に「文字」が存在する場合が多いからである。また学習者が発信側となる「書く」「話す」においても、同様の対応関係を見ることが可能であろう。このように、国語教育の学習領域は、有機的に関連しており、教室空間では常にこれらが様々に交錯しながら展開しているはずである。

このような前提に立ち、「声に出して読む」という内容に焦点化し、よく使用される「音読・朗読・暗誦」という用語について、どのように考えたらよいかということを定義し、〈教室〉や公共の場で使用する際の、指針を示してみたいと思う。

三、音読・朗読・暗誦の定義

一般的に、俳優やアナウンサー等の語りを生業とする方々の行為は、間違いなく「朗読」と呼称する。ほぼ「音読・暗誦」という用語は使用されない。少なくとも「暗誦」となり得ているかは置いておくとして、間違いなく「音読」の要素を含んだ表現行為としての「朗読」だからである。逆な言い方をするならば、「音読」という段階を経た後に「朗読」の域に達するということもできよう。「朗読」は表現行為であり、その人の身体を通した後に芸術的な意味合いさえ生じるものということができよう。

国語教育の授業実践現場において考えるならば、「声」で読むことを系統的・段階的に示した用語として、「音読・朗読・暗誦」がある。学習指導案や授業実践報告において、教育分野で使用される用語として存在するものである。しかしながら、こうした用語を明確に意識し区別して使用しているかというと、必ずしもそうではない状況が散見される。「暗誦」はまだしも、特に「音読」と「朗読」の区別である。いわば、授業実践の中での学習活動を表現する用語として機能してきたにもかかわらず、明確な識別が為されていない場合が多い。指導者側も学習者側も、これらの用語の目的を体系的・段階的なものとして把握することで、教室での学習活動にも十分な意識付けが為されてくると考えられる。

以上のように、扱われる場面状況の違いに応じても使用可能であることを考慮して、この三語の定義づけをしておきたい。

音読＝理解のための音声化行為
＊最初は、ただ「声に出して読む」から始めるにしても、それが繰り返される過程で、内容の「理解」を伴うのが原則である。教室では、とりわけ教材に触れる最初の段階で、「理解のため」という目的が意識されず、単に声にするだけの学習者による音読が、単調に行われることが多い。

朗読＝理解をふまえた伝えるための表現行為
＊音読を段階的に繰り返してきた結果、初めて実現することが可能な他者に伝えるための表現行為である。読み手が一つの朗読を提示することは、内容解釈を提示することにも等しい。特に学校現場で学習者に表現行為としての域まで求めるのは、工夫と時間を要する。

暗誦＝理解が定着し反芻が可能な身体行為
＊ただ単に、意味を考えずに丸暗記する暗誦にも有効性があるとされる場合も多いが、「音読」「朗読」を経由した末に到達した暗誦こそ意味があると考えたい。記憶は意味との連鎖関係により成り立つと考えれば、その場限りの学習から脱することができる。

この定義を確認した上で、序章で述べた竹内敏晴のワークショップを思い出していただきたい。歌曲として身体化しているのが「暗誦」、ただし唱歌などの場合に「理解が定着している」とは限らない。各歌詞の発言者の人数やことばの性質を考え、歌詞内容を奥深く理解しようとするのが「音読」である。そして「理解をふまえて（他者に）伝えるため」に表現するのが「朗読」ということになる。

したがって、この三語は音読→朗読→暗誦と段階的に進化するものであり、決してそれぞれが別個の行為であるわけではない。〈教室〉においては、その各段階に於いて、「範読」「斉読」「追従読み」「個別読み」「群読」などの方法を適宜採択して実践していくことになる。

範読＝主に指導者が学習者に読み聞かせるために、模範的に読む。
斉読＝学習者が教室で何らかの目的を持って一斉に読む。
追従読み＝指導者が読んだ後を追いかけるように学習者が模倣して読む。
個別読み＝学習者が各自で、個人の目的によって読む。
群読＝学習者が班（グループ）を構成して、役割に応じて読む。

このような多様な読み方を有効に組み合わせることにより、教室での学習活動も活性化し、「声」で読むことを意識的に行うことができるだろう。勿論この中には短時間で平易に実施できるものから、長時間を費やし学習者同士や指導者が工夫を重ねて初めて聴き応えがあるものもある。それほど「読む」という行為は奥深いといってよいだろう。それでは次に実際に教育現場で授業実践する際に、これらの「読み方パーツ」をどのように組み立てて、意義深い「学習活動モデル」ができるかを考えていくことにしよう。

四、学習活動としての「音読・朗読」

「音読・朗読」ほど常にその重要性が求められながら、目的が曖昧になりがちな学習活動も他にないように思われる。本章第一節でも述べたように、教材の導入授業は、たいていが指名読みなどによる教室全体での「音読」である。その目的は果たして何か？　勿論、「初見の教材の内容を知るため」という漠然とした目的はあるはずだ。しかし学習活動として、「音読」を指名された生徒の意欲は低いと言わざるをえず、平板で内容を噛み締めることのない、いわゆる「教科書読み」となり、作品の面白さを発見する契機にはなりにくい。これは偏に、目的を明示しないで行う学習活動であることに起因していると考えられる。

逆に、生徒が読むことをせず音声教材を使用し、一方的に聞かせる導入授業という形式も考えられる。無機質な音声教材からの「音」は、それがどんなに名作で一流の俳優による優れた「朗読」であっても、生徒の子守歌代わりになってしまう可能性が大である。

「読む―聞く」という行為は、学習活動において常に双方向性を伴うことが求められ、相互の立場を明確にし目的意識を持った学習活動として動機付ける必要があるはずだ。それによって初めて、学習者が「読まされる―聞かされる」という受身な姿勢から脱却し、より主体的な学習として取り組むことが期待できるのである。

次にこのような「導入授業での音読」以外で、学習活動に「音読・朗読」を活用した授業構成を考えてみよう。何も授業の最初のみで「音読・朗読」を実施すると限定して考えてしまうのは、学習活動への活用を制限してしまうことになる。そこで筆者の経験を元に、いくつかの授業活用例を列挙してみることにする。

①毎回の授業冒頭「音読」（第二章・三章に具体的な実践構想の提示）

授業内容とは関連せず、毎回授業の枕として短い教材を必ず「音読」する。短歌（和歌―百人一首など）・俳句や近代詩などの韻文、名作の冒頭文などが扱いやすい。内容の詳細な解説はせずヒントを播く程度にして、「音読」を繰り返すことにより「音声」から教材内容を理解する習慣を、生徒に定着させる効果がある。

②ミニ群読

授業内で扱う教材部分に関して、個人や班（教室の列など）ごとに役割分担を決めて、学級全体でミニ群読を行う。小説教材であれば、語り手・登場人物により簡易に役割を振り分ける。授業の最初と最後に行うと、内容の理解が群読にどのような影響を与えたかを認識することができる。

③キーワード「音読」比べ

授業で扱う教材内のキーワードを含む重要部分を、内容を考えて「音読」発表する。どうしてそのような「音読」が適しているのかという考え方を、キーワードの内容理解に即して発表し、他者の「音読」の趣旨を相互に学び合う。

④解釈確認「音読」

授業の最後に、その日に扱った教材の解釈を確認するために、学級全体や個人で「音読」を行う。授業の内容理解を促進し文脈を把握する効果があり、古典教材などに対しては特に有効である。

⑤心情把握と並行「朗読」

小説教材などにおいて、台詞の部分に表現された登場人物の心情を読み取り、各自の考え方を発表する。その心情に適した「朗読」を並行して提示し、その場面での登場人物のあり方を、学級内で様々な角度から考え合う材料にする。

⑥「朗読」脚本制作

学級内で班別になり、教材内から「朗読」する箇所を決め、分担を工夫して「朗読作品」を創り上げる。教材内容を基本としながらも、効果的な「朗読」にするという目的で、作品の改編を許容し、読み方の注意なども明示した脚本制作をする。その過程で班員同士が内容解釈について話し合い、コミュニケーションを深め表現行為としての「朗読」を検討することで、より教材の理解が深まる効果が期待できる。

⑦「朗読」発表会

前項⑥の過程を経て、班別で創り上げた「朗読」作品を相互に発表し合う。できれば学級の枠を超えて、大きな発表の場があることが望ましい。発表に際し、各班が表現したい趣旨を示した「朗読作品題」を付け、それに合致した内容の「朗読」であったかを、相互批評する。こうした場があることで、作品理解・相互協力・批評検討などの要素を含んだ、複合的かつ主体的な学習活動となることが期待できる。

いずれも「理解」という目的を据えた「音読」と、「表現」という目的に向かった「朗読」を授業構成の随所に織り込んでいくことが必要である。授業の一部で目的もなく実施すれば、学習者にとって主体的な学習活動にはならず、効果的な授業にはならない。「理解―表現」を伴った言語活動の中で有効に機能してこそ、「音読―朗読」が授業で活きて来るのである。

五、「理解・表現・獲得」

以上、本章では音声言語表現方法として基礎となる「音読・朗読・暗誦」という語の定義についての考え方を提示した。「理解」→「表現」→「獲得」というような概念で三つの段階を整理することができる。それぞれの段階において大変重要な学習要素があり、各段階に応じて的確な学習活動として実践すべきであると思われる。

この後、各章で展開する音声表現方法においても、この定義で示した概念が基礎となる。まさに「声で思考する」ということの出発点となる。「音読・朗読・暗誦」が目的意識なく実行される〈教室〉での錯綜を回避すべく、「思考」が伴う「音読・朗読・暗誦」を構想するという意識をもって、今後の章をお読みいただきたい。

第二章　古典作品冒頭文を「声で思考する」実践構想

一、作品冒頭文を読むにあたり

文学作品を読み味わうにあたり、その冒頭部分というのは大きな力を持つ。名作といわれるものであれば、やはりその冒頭部分からして作品の品性や深みがある。それは名作であるがゆえの後付の理由なのか、それともやはり「書き出し」に作者が心血を注ぎ込んだ結果なのだろうか。近現代小説の書き出しに注目した石原千秋氏の著書では、次のような「書き出し」に対する「読者」の態度が前提とされている。

小説の書き出しを読むとき、僕たち読者はその小説に対する自分の態度を決めるために、さまざまなことを読みとろうとする。そして、まさにそのときに僕たちが身につけている言葉の意味と小説の言葉の意味との差異にとまどいながらも、書き出しを読んでいるわずかの間に自分をその小説の理想的な読者として「調律」しているのである。

もちろん「調律」できないときもある。そのときには、僕たち読者はその小説をおもしろいとは思わないだろう。

（石原千秋著『小説の書き出し』光文社新書・二〇〇九年）

この石原氏の「書き出し」に対する「読者」態度は、近現代小説のみならず古典作品に対しても同様の前提として必要であろう。むしろ、近現代小説的な方法で「読者」としての位置を確認しておくことは、古典作品に対して無用な誤解を招かない為にも有効であるはずである。であるならば、近現代小説以上に石原氏のいう「調律」が重要になるともいえよう。だが重要であると同時に困難が伴う場合も多い。それは石原氏が、「「私はこの言葉はこういう意味だと思っていたけれども、この小説では違っているようだ」と感じたとき、僕たち読者は小説を豊かに読みはじめているのである。」（前掲書）と語っている点を古典について考えてみよう。「この言葉はこういう意味だと思っていた」という理解が、古典の場合は更に振幅が激しいということになる。となれば「調律」に至るまでに困難が多々待ち受けているということになるだろう。現に中学校・高等学校の「古典」の授業においては、ここ二十～三十年の間に「調律」の困難な度合いが激しくなったという現場教員の声を多く耳にする。生活・文化的な背景を前提としたときに、「こういう意味だと思っていた」という前提基準自体が存在しないという問題に直面するのである。

だが研究者として古典教育の重要性を訴えるからには、教育現場において、困難な「調律」をしていくべき手段を考案する必要があるのだ。そこで、本章では文学作品の冒頭部分を「声で思考する」構想について考え、まさに「音声」によって古典冒頭部分を「調律」していく方法を提案してみたいと思う。

ここでは、前章で定義した「音読・朗読・暗誦」の有効性を活かして実践する際、その三通りの方法が有機的に関連していることを自覚しておくべきであり、使用する事情により段階的に捉えておく必要があることを、改めて確認しておきたい。それぞれの目的意識を明確にした上で、どのように「声で読む」かを意識化することが大切だということである。その上で文学作品の看板ともいえる「冒頭文」を、どのような意図で、どのような目的へ向かって音声化するのかを具体的に展開してみよう。

文字テクストを「読む」行為は、紛れもなく「解釈」という理解作業が介在するはずである。そこに音声化が加われば、他者が「聞く」ことになり理解を伝える表現行為に及ぶ。このような立場を主に古典作品を中心に意識化し、声による享受が多かったはずの古典を、文字文化全盛の現代において理解する礎を築く実践構想を考えてみたいと思う。

二、古典学習の基礎を見据えて

古典学習の〝本格的〟な開始は、やはり高校入学段階からであろう。近年新たに施行された指導要領には、小学校での古典指導が明記されているが、それにはむしろ慎重に更なる工夫が求められる筈だ。高校段階で行う古典学習の前倒しになっては、導入の目的が曖昧になると思われるからである。小学校での実践としては、古典本文ではなく現代語訳を中心に読んだり、意味内容にこだわらず「音声」のみの享受を行うなどの方法が採られているが、その先の中学校や高等学校で学習意欲を持つことができ、抵抗なく行われるような指導方法が求められるであろう。その点が曖昧なままでは、早期に古典学習を導入した意義に疑問が生じてしまう。指導者側にも学習者側にも適切な意図を持った、古典学習の位置づけを行う必要があるのだ。本章では、〝本格的〟など考えた学習段階である高等学校の古典学習レベルに焦点を当て、なおかつ「声で読む」ことで古典への意識が喚起される方法を模索していきたいと思う。もちろん、学校現場に限らず、古典文学を愛好する全ての学習者と、その学びの〈教室〉に向けた提案である。

現行の教育課程においては、多くの高等学校で「国語総合」が基礎課程で実施されているのが実情であると思われる。この中の古典分野で指導すべき内容は、古典に親しみを持つようになるのと同時に、その後の古典学習の基礎となるべきものであるのが望ましいのはいうまでもない。さらには、生涯にわたって学習者の心に刻まれているのが理想的であろう。したがって、「音読・朗読・暗誦」を単発的に行うのではなく、年間を通して実施し、学習者が身体的にも「声で読む」ことを潜在化させるような指導が求められるのではないだろうか。

教科書において扱う古典作品は、もちろん価値ある作品が精選されているわけであるが、学習過程で一回的に単語や文法の観点から扱うのみでは、学習者が十分に鑑賞し自分のものとして獲得するまでには至らない。また文章量の上でも「暗誦」することまでを考えると、通常の教科書所載の散文作品全てを対象とするのは学習者にとって困難が伴うであろう。そこで、時間を掛けて少しずつ継続的に行うことのできる対象教材として、主要古典作品の冒頭文が格好であると考える。これを教材として「声で思考する」読解・鑑賞方法を提示していってみよう。

三、主要古典作品の冒頭音読方法

○実施時間――高等学校「国語総合」であれば、各授業最初の五分間に毎回実施。

（＊各授業・講座において最初に「音読・朗読・暗誦」をすることで指導者・学習者ともに集中力が高まるとともに、授業内容に向かう構えができる効用がある。）

○段階的実施方法（一教材につき六回～九回程度を繰り返す）

【見本朗読】範読　指導者による解釈に基づいた朗読の提示

↓

【音読】斉読〔一〕学習者全員が部分的な指導者範読の直後に追従読み

↓　斉読〔二〕学習者全員で解釈の端緒を意識しながら一斉読み

↓　斉読〔三〕学習者を班分けし読む側と聞く側で内容解釈の理解を促す

【朗読】〔音読〕による内容解釈を受けて、学習者が捉えた文意・情感を表現できるように読む

【暗誦】音読・朗読の各段階で「暗誦」することを意識する

斉読〔一〕文体のリズムを体感し、音の響きから追従読みにて暗誦（テキストを見ない）

斉読〔二〕暗唱が途切れそうになったときには解釈に至るヒントを与えて、本文の復元を促す

斉読〔三〕話の筋書きを理解し想像しながら暗誦

朗読　間や速度に気を付けて内容解釈が反映された暗誦をする

以上のような方法で、年間を通した各授業で「冒頭音読」を実施する。一冒頭教材につき継続して実施していく。段階的実施方法に示したように、見本朗読の提示に始まり、「音読」から「朗読」へと内容解釈の理解を次第に深めながら進行し、各段階で「暗誦」することを意識する。

特に「音読」の実施方法を「斉読」〔一〕～〔三〕と三段階で設定した。ここでの「音読」は、「理解のた

めの音声化」と位置づけ、音読により内容解釈が促進されなければならない。したがって、指導者の解釈に基づく朗読の模倣を第一段階とする。次に語彙・文法や冒頭文全体の文意を生徒自らが考えながら読むための端緒を提示する事により、各個人の解釈思考の刺激を第二段階とする。最後に、学級内のグループや座席により生徒を適度な人数に分割し、他人の音読を聞くことにより、解釈が反映した音読を点検する意識を持つ事が第三段階となる。この「斉読」作業はもちろん、「一斉読み」という意味に他ならないが、各個人が解釈を廻って試行錯誤を繰り返す段階であるから、必ずしも一律な学習者全体の調和のとれた読み方を良しとするわけではない。読み方の「間」や「強調」の相違が個人間に現れても何ら問題ではなく、むしろ個々人の解釈が深まる上では自然な現象と捉えておくべきである。その差が生じたところに、学習者が問題意識を発見する契機が潜んでいるのである。

四、古典冒頭文の解釈（理解）喚起力

第一章において「音読」を理解のための音声化と捉え、それをふまえた内容解釈が反映された段階を「朗読」と定義した。その音声化の方法を利用して古典冒頭文を読む際に、学習者へ向けた「テーマ設定」や、少しずつ提供する「解釈の端緒」が必要になる。高等学校において古典学習が「本格化」すると述べたが、その意味は「仮名遣い等を含めた文法事項の学習」を扱うということであろう。古典本文を自力で解釈する力を付けるという目的で、「文法事項」の学習が高等学校古典の中心的な存在となるといっても過言ではない。場合によると、品詞分解と現代語訳を確認し合うという作業に終始し、肝心の原文はどこに行ってしまったのかという授業実践も稀ではない。高等学校の指導者は、最終的に大学入試で「学習者が自分で古典を読める」という理想に向かい、頑なに「文法指導」を段階的に実施する。哀しいかな、その結果が大量の古

典嫌いの学習者を醸成していることを半ば自覚はしながらも、この「文法中心主義」は簡単には改善されない。

　ここで問題なのは、学習者が「内容が知りたいから意欲的に読みたい」という読書における原点となる姿勢を持とうとしないことである。「読みたい」以前に「古典学習」＝「文法学習」という授業方針に辟易し、古典そのものに目を向けないのである。また多くの指導者が、「文法を知らないと古典は読めない」という。それもしかり。だが学習段階で「読む」意欲を失わせる事態に陥ることと、「文法」を叩き込むことと、どちらを優先したらよいかを考えるべきである。

　そのような視点から、ここでは「声で思考する」古典教育の一端を具体的に展開してみようと思う。

助動詞の解釈を声で思考する

○『竹取物語』

　今は昔、竹取の翁といふ者ありけり。野山にまじりて竹を取りつつ、よろづのことに使ひけり。名をば、さぬきの造となむいひける。その竹の中に、もと光る竹なむ一筋ありける。怪しがりて、寄りて見るに、筒の中光りたり。それを見れば、三寸ばかりなる人、いとうつくしうてゐたり。

　『竹取物語』の冒頭は、まさに「昔語り」の基本型について理解を深めることができる教材である。その型とは、「今は昔」に始まる書き出しと、助動詞「けり」による伝聞過去の呼応による語りである。その「けり」で「〜したそうである」と四回ほど「伝聞過去」が語られた後に、文末は助動詞「たり」に変換し「存続」で表現されるようになる。「昔〜そうである」で読み手を昔物語の世界に引き込み、その後、眼前にその世界が広がるような感覚を得る効果と考えることができる。「怪しがりて、寄りて見るに」は「翁」の行動とみることができるが、その行動に至る段階で読者は昔物語世界の住人となるのだ。「筒の中」が「光っている」という不思議な体験を自らがしているような錯覚に陥る語りの構成なのである。すると「三寸ばかりなる人」が「いとうつくしう」て「ゐたり」という場面の驚きを、物語的リアルの中に想像することができるのである。この場面に於いて読み手（及び聞き手）の心情は、翁の心情に重なるという融合性に及び、その後の物語展開に大きな興味を持たせることになるのである。

助動詞の意味は、高校課程の中で文法事項として学ぶわけであるが、往々にして例文と乖離し、「文法的意味」を暗記する域を出ない場合が多い。その結果、本文の文脈上で機能するような意味合いを捉えることができず、古典への親しみへと繋がらない場合も多くあると思われる。幼児が絵本の読み聞かせの際に、いつしかその眼差しが絵本世界に没入している場合がある。絵本の登場人物に、自らが同化しているからであろう。「昔物語」には本来、そのような自然に物語世界に没入する構造が既に用意されているのである。

このような観点から、「音読」をする際の「解釈の端緒」を提示しておこう。原文がある程度十分に「音読」されてきた段階で、「けり」＝「〜そうである」、「たり」＝「〜ている」という現代語に変換し、まずは指導者が声を重ねていく。次第にその声を聞いた学習者自身が、「今は昔、竹取の翁といふもの（がいたそうである）。」と「ありけり」という「動詞＋助動詞」部分を現代語で読むようにする。場合によっては、教室を左右等に二分し、片側は原文、片側は現代語訳と声を交響させていく。すると自然に「けり」「たり」の意味が文脈の上に浮き上がる「音読」となり、読み手が解釈に対して、新しい視点を持てるようになる。再び原文を音読すれば、解釈への意識を持った「音読」が可能となっている。

この方法は、冒頭文以外でも様々な文章で試みることができ、適切な例文を使用して助動詞の解釈を

「声」で学んでいくことで、機能的な文法学習を行うことも可能となるであろう。

短文の機能美を声で思考する

○『徒然草』

つれづれなるままに、日暮らし硯に向かひて、心にうつりゆくよしなしごとを、そこはかとなく書きつくれば、あやしうこそものぐるほしけれ。

『徒然草』の冒頭では、「随筆」というジャンルのあり方について様々に考えを巡らすことができるだろう。この冒頭には、「そこはかとなく」という表現で「(原因・理由・内容が)はっきりしない・とりとめもない」状態で「書きつくれば」という内容が提示されている。だが随筆の書き手は短文であっても、執筆の「動機」「状態」「対象」「態度」「心境」を機能的な形で明示しているといえよう。

「つれづれなるままに(動機)」「日暮らし硯に向かひて、(状態)」「心にうつりゆくよしなしごとを、(対象)」「そこはかとなく書きつくれば、(態度)」「あやしうこそものぐるほしけれ。(心境)」というように、各部分の機能を示すことができるのである。そして各項目が、「つれづれなり」「よしなし」「そこはかとなし」「ものぐるほし」という形容動詞・形容詞により表現されているのも特徴的である。短文内の機能と、こうした品詞の特性を考えながら、「随筆」たる所以を読み解いていく際にも、やはり声にしていくことで、より一層文章内の相関関係をはっきり理解することができるであろう。

各区切りを音読しながら、その機能とされる語を意識する。次第に形容動詞・形容詞の現代語訳を意識して音読し、本文に慣れたら現代語訳を重ねて読む。

「することがなくて退屈な」ままに、「一日中」硯に向かひて、心にうつりゆく「たわいもない」ごとを、「とりとめもなく」書きつくれば、あやしう（不思議なほど）こそ「どうかしている心境になるものだ」。

といった形式で原文と現代語訳の融合文を声で読むという音読が可能となる。それはひとえに、この短文に無駄な点が全くなく、実に巧みな語彙使用と係り結びによる表現から、随筆を書く心情を披瀝しているからだということができるだろう。一語一語を噛み締めて繰り返すことで、自然と暗誦段階まで行くことができる冒頭文である。

色好みの行動を声で思考する

○『伊勢物語』

むかし、男、初冠して、奈良の京春日の里に、しるよしして、狩にいにけり。その里に、いとなまめいたる女はらからすみけり。この男かいまみてけり。思ほえず、ふる里にいとはしたなくてありければ、心地まどひにけり。男の、着たりける狩衣の裾をきりて、歌を書きてやる。

『伊勢物語』の冒頭では、「色好みの男」の行動について考えることができる。ここに示されたのは、元服した男が狩りに出向き、「なまめいたる」姉妹を「かいまみ」する行為により、心地が「まどふ」物語である。この三語をキーワードにしながら、男が「心地まどひにけり」となる必然性を考えながら「音読」をしていくことで、読解の深まりが期待できるであろう。特に「なまめいたる」は、その語感からして現代語の

「色っぽい」と解してしまいがちであるが、ここでは「みずみずしく若々しい新鮮な美しさ」と解しておくのが妥当であろう。また、「なまめいたる」という語の響きは、この物語が「色好み」のそれであるという感覚を意識付けるのに有効である。

このように語感や語の響きに依存しながら、「音読」をすることで文脈の必然性を考えていく方法は、暗中模索しながらも古文を読解しようとする意欲を醸成することができる。「音読」が繰り返される中で、「なまめいたる」の語義を紹介していくと、「思ほえず、ふる里にいとはしたなくてありければ」という部分との対比を発見する。「思いがけず、この旧都に、ひどく不似合いなさまで（若々しい美女たちが）いたものだから」、男の心は「動揺した」という必然性に辿り着くことができるであろう。

もちろん、この「音読」した冒頭部分には和歌が続いてくるわけであるが、先に音読対象とした冒頭部分が、一貫して「〜けり」の語り口で、和歌が詠まれた経緯を伝えている。そして即興的に女に和歌を贈る事のなりゆきを、「おもしろき」と評価する語りへ興味が向けられれば、「歌語り」のあり方を理解することもできるであろう。補足として、この初段の最後に示された「かくいちはやきみやび」の具体的な行動が、冒頭の内容であることを示せば、古典においての「色好み」を観念的にではなく、具体的な行動として印象深く学習することができ、その後の中古物語作品を読む際の礎になるであろう。ことばの印象や響きから内容に興味を向ける音読の一方法である。

余白・句読点を声で思考する

○『枕草子』

春はあけぼの。やうやう白くなりゆく山ぎは、少しあかりて、紫だちたる雲の細くたなびきたる。

夏は夜。月のころはさらなり。やみもなほ、螢の多く飛びちがひたる。また、ただ一つ二つなど、ほのかにうち光りて行くもをかし。雨など降るもをかし。

秋は夕暮れ。夕日のさして山の端いと近うなりたるに、烏の寝どころへ行くとて、三つ四つ、二つ三つなど飛びいそぐさへあはれなり。まいて雁などのつらねたるが、いとちひさく見ゆるは、いとをかし。日入りはてて、風の音、虫の音など、はたいふべきにあらず。

冬はつとめて。雪の降りたるはいふべきにもあらず。霜のいと白きも、またさらでもいと寒きに、火など急ぎおこして、炭もてわたるもいとつきづきし。昼になりて、ぬるくゆるびもていけば、火桶の火も、白き灰がちになりてわろし。

『枕草子』の初段は、中学校においても安定教材として教科書に採録されていることも多いが、高校で学ぶ古典において美的観念としての「季節観」を、文章の余白を読むことを通して認識することができる教材である。また和歌教材を扱う際に機軸になる「季節観念」の指標ともなり、「をかし」「あはれ」といった平安朝美的観念を理解する基礎となる教材と位置づけることができる。

一見易しそうに見えるこの文章も実は奥深い。とりわけ「音読」をする場合に、どのように読むかを考えただけでも立ち止まって様々に思案することになる。四季それぞれに配された名詞「あけぼの」「夜」「夕暮れ」「つとめて」の部分については、どのように解釈したらよいのだろうか。ここに文体に潜む「余白」を十分に理解する必要がある。一般的な〈教室〉での教授法で解釈を施せば、各名詞の後に「をかし」を補って解釈せよということになるだろう。「春はあけぼの（に趣きがある）」とでもなるのだろうか。内容解釈を詳細に行い、理解することを目的にした高等学校での授業では、こうした方向が扱いやすい。試験問題などにおいても、「「夏は夜」のあとに補うべきことばを答えよ。」といった問題がよく出題されるものだ。だが、その余白にあることばを解釈に沿って「音読」で表現するとなると、なかなか容易ではない。

文法的用語で言えば「体言止め」で詠嘆を表現するとなる。これを文法知識でなく、文脈の中で実感する方法が「音読」である。文字表記にするなら「春はあけぼの！」ということになる。詠嘆をした際に発する名詞だけのもの言い……「桜！」「涼しい！」「月！」「雪！」といった美の発見の際に発する声を考えてみる必要があるだろう。美でないまでも、スポーツ観戦で感激した際には「か（勝）った〜！」と叫ぶであろうし、物陰に得体の知れない物を見れば「おばけ！」と驚きの声を上げるであろう。そんな声でしか実感できない感覚を味わうのも「音読」ならではである。

また句読点を意識することも「音読」の際に重要である。だが、どんな「音読」の際にもいえることだが、句読点への過信は禁物である。近現代の作品にあっては、作者が意図的に付けた句読点が大半だろうが、それでも読点などは「大きく一息置く」ものと「ほぼ連続して読む」ものとの区別がある。均一に間をとればそれだけで、むしろ文体に不整合が生じてくる場合がある。書きことばが中心である現代においては、文の掛かり方などに誤解が生じないように読点を活用することになるであろう。その際に「音読」が意識されているかは、書き手の姿勢次第である。中には推敲の段階で「音読」をして文章を整えてゆく作家もいるという。

やや回り道をしたが、特に『枕草子』のような古典における句読点は、解釈そのものである。教科書掲載の本文が、どのように原文を読ませようとしているか。そんな意志が「句読点」には具現化されている。文章に句読点があるのは当然であるという感覚を持つ現代人からして、古典を扱う際に特に意識しなければならない重要な点ともいえる。仮に、原典をそのまま提示して読もうとした時、自らがいかに解釈する意志を持たねば正確に「音読」すらできないことは、すぐに理解できることだ。中学生・高校生に古典を「音読」してもらうと、どれほど文章内容を理解しているかどうかが一目瞭然であるのはこの為である。古典教育の中で、このような原典を意識してテキスト本文を扱う姿勢が不可欠であるのは自明のことである。存分に「余白」と「句読点」を意識して読んでみたいのが『枕草子』冒頭文である。

無常観と和漢混淆文を声で思考する

○『平家物語』

祇園精舎の鐘の声、諸行無常の響きあり。娑羅双樹の花の色、盛者必衰のことわりを表す。おごれる人も久しからず、ただ春の夜の夢のごとし。たけき者もつひには滅びぬ、ひとへに風の前のちりに同じ。

『平家物語』冒頭は、「無常観」を和漢混淆文を通して理解することができ、中世的な古典世界を味わう典型的な教材である。「鐘の声」や「花の色」の意味するところを考え、「無常の響き」「必衰のことわり」と対句として関連していくことを、文体のリズムを通して体感できる教材である。その流麗なリズムの根源は、やはり七五調であるからというのはいうまでもない。小・中・高校を通してたいていの学習者にとって、実に通りよく読みやすい冒頭文ということになるであろう。

この和漢混淆文の特長を活かし、「音読」する際にも様々な工夫を凝らすことができる。例えば、「音読」する学習者を四班に分割し、一句ずつ追い掛けるようなリズムで音読していく。次第に読むスピードも増し、前の句が終わるか終わらないかのうちに次の句が飛び出してくるような読み方となる。和漢の語が交響する文体により自然と生み出されるリズム感が、このように流麗で調子がよいというのは、語りの口調との関連があってのことだろう。

元来、『平家物語』そのものが、琵琶法師の語りにより成立した口承文芸である。文字による享受というよりも、「声」による享受が繰り返されてきたわけである。その一形態がテキストとして現存するわけであり、これを「音読」なしに享受すること自体が、大変不自然な方法といわざるを得ないのである。

冒頭だけを見ても、四字の漢語と三字からなる語の組み合わせが、自然な文章の流れを作り出しているのが理解できる。例えば、「祇園」＋「精舎」（の）＋「鐘の声」と音律要素を分割してみると、漢詩の七言詩的な音律に、日本語「助詞」の要素が加わり、独特な文語自由詩のリズムを生み出しているのが分かる。後に第七章で詳細に述べるが、『平家物語』が音読・朗読に適しているのは、冒頭を解析するだけでも、その一端を覗き見ることができるのである。

最後に注意しなければならないのは、こうした文体としてリズムを持った調子のよいものこそ、意味を考える思考を置き去りにしがちであるということだ。時折その文体の持つリズムから離れて、一語一語を噛み締めるように意味を解釈しながら読む、本来の「音読」を忘れてはならない。「無常観」という思想の奥行きは、それほど単純なものではないはずである。

古人の典拠を声で思考する

○『おくの細道』

月日は百代の過客にして、行きかふ年もまた旅人なり。舟の上に生涯を浮かべ、馬の口とらへて老いを迎ふる者は、日々旅にして旅をすみかとす。古人も多く旅に死せるあり。予もいづれの年よりか、片雲の風に誘はれて漂泊の思ひやまず。

『おくのほそ道』冒頭では、詩心を通して語られる旅への抑えがたい芭蕉の衝動を理解することができる。「百代の過客」は、芭蕉の憧憬する「古人」のうちの一人、唐代の詩人・李白による「春夜宴桃李園序」の一節であるのは周知のことである。その漢語の重厚な語感を据えて、その後にも対句を駆使し、漢語と和文が融合したリズミカルな文体から、江戸時代の文化・芸術的な結実を読むことができるであろう。「夫天地者萬物之逆旅　光陰者百代過客（夫れ天地は萬物の逆旅にして　光陰は百代の過客なり）」という李白の文章が典拠として背景に浮かび上がり、「（光陰は）百代の過客」という表現から概念としての時間を、「旅人」として捉える思想と詩心を理解することができるであろう。

中世的な和漢混淆文から、時代を経て江戸時代の文芸的な到達点を意識し、その重厚な響きを「音読」することで、まさに芭蕉の「前途三千里の思ひ」と人生のあり方を想起しながらの「朗読」を楽しむことができるであろう。

五、「声で思考する」解釈へ

古典冒頭文を「音読・朗読・暗誦」することにより、単なる音声化のみならず、解釈（理解作業）が深まり、高等学校で学ぶべき水準で古典学習の礎が築かれることを述べた。基本単語や助動詞を文脈の中で把握することや、古文読解に対する基本姿勢、作品の文学史的価値を理解しておくことは、どのような場面での古文学習にも重要である。とりわけ、声に出して読むことにより体内に定着した文章は、その後の応用段階で何度も反芻され、解釈を始めとする作品理解に有効な材料となる。古典冒頭文には、構造的に学習者を古典の魅力に誘う喚起力があることを認めることができるであろう。ひとえに「声に出して読む」行為を実践するにも、様々な段階で目的意識を明確にして継続的に行う必要がある。「音読」は理解のための音声化行為であり、「朗読」は理解をふまえた伝えるための表現行為であり、「暗誦」は理解が身体に定着したことの確認行為である。

古典学習は、特に学校現場において単語・文法の知識習得のみに偏向しがちである。「解釈」という内容理解作業を介在させ、「音読から朗読へ」と音声化による享受を日常的な学習で実践することによって、学習者個々人が主体的に古典作品に関わる契機を作るべきであると考える。

第三章　韻文作品を「声で思考する」実践構想

――詩の群読・和歌の音読・パロディ創作――

一、韻文は「声」で読むこと

韻文が韻文たる所以は何であろうか。「韻」とは「押韻を踏む」、あるいは「韻律」という意味で解するのが一般的であろう。その文自体に「押韻」が施されていたり、「韻律」を伴う文章であるということである。元来「押韻」「韻律」を持つ文章を読解・鑑賞するには、やはり、その特徴的要素である「響き」を再現しなければならない。

ひとえに「響き」といっても様々な要素がある。松浦友久氏によれば、「詩的リズムの考察における不可欠な前提」として「「音節リズム」と「拍節リズム」の区分」「「韻律リズム」と「意味リズム」の区分」「「言語のリズム」と「楽曲のリズム」」を具体例を示しながら提示している。(『リズムの美学――日中詩歌論』明治書院・一九九一年)ここでは、その具体例に言及し概説することは割愛するが、各々の「韻律」要素を再現して鑑賞しない限り、「韻文を読んだ」ことにはならないという立場を採っておきたい。少なくとも、前述した三点の前提が「韻文」の内部に含有されているということを覗き見ることができる読解・鑑賞を施したいものである。

また同時に「響き」という範囲には、「余韻」の要素も忘れてはならない。「押韻」箇所がどのように響いて耳に残るか。響かせる為には、どれほどの「間」が必要か。読み方としての区切れはどのように意識したらよいか。意味の区切れと韻律の区切れに断層はないか等々。「声で読む」際に意識することは多い。もちろん、作者の意図が作品上に浮き出たものもあれば、古典では諸説紛々として解釈の異同が多い作品も散見される。そんな状況の中で、どれほど内容解釈と「韻律」レベルの効果とを相互に配慮して「声で読む」かが重要だということになる。

このような韻文の特徴を視野に入れながらも、やはり「声で思考する」学習活動を行う際には、意識すべき姿勢がある。これまでの章でもくり返し言及した部分でもあるが、「目的意識」を明確にすべきであるということである。「読む―聴く」という行為は、学習活動において常に双方向性を伴うことが求められ、相互の立場を明確にし、目的意識を持った学習活動として動機付けて実践する必要があるはずだ。それによって初めて、学習者が「読まされる―聞かされる」という受身な姿勢から脱却し、より主体的な学習として取り組むことが期待できるはずである。

教育現場に限らず、様々なコミュニティーを考えても、目的を持たずただ「読もう」という行為は、なかなか継続的に実施することが困難となる。音声を聴く場合もまた同じである。少なくとも、テキストのある範囲に解釈を施していこうとする際に、並行して「音読・朗読」を行うことによって、初めて継続的な音声化を進めることができるのである。どのような場であっても、「音読・朗読」をする際の「目的」を明確にしておくことが肝要である。それは第一章で述べた、「音読・朗読の定義」に基づくものであるとすると、「音読」＝「理解」・「朗読」＝「表現」という目的に向かって音声化すべきである。本章では韻文テキストを対象とし、その音声化における方法を具体的に考えながら、パロディ創作を表現する「朗読」の展開について述べていくことにしよう。

二、近代詩の「音読・朗読」実践構想

文語体か口語体かで多少の受け止め方の違いはあるが、近代詩を「音読・朗読」する行為は、大変親しみやすく行いやすい実践といえるであろう。現代語として日本語のリズムを受け止めながら、その韻律を存分に楽しむことができるからである。読み手が自分自身の言語感覚や語感を以て、対象となる作品内容を咀嚼しながら、しかも語の韻律に配慮しながら「音読・朗読」できることは、実に有効な「声で思考する」手段となる。

また現代詩人などにおいては、本人の朗読を聴く機会に出会う可能性もある。創作時の想いをどのような「声」で表現するのか。そのあり方には大変興味深いものがある。文字列のみを見て、その詩を理解したつもりになっていても、詩人本人が生身の「声」で表現する「音声」を聴くと、自ずと解釈に断層があることに気付かされる。抑揚の強弱・声の緩急・余白の間などは、文字列では表現しきれない奥行きを持っているといえよう。また、その「声」にする際の表現形式も重要だ。自作詩集を見つめながら一般的な朗読スタイルで行う詩人もいれば、巻紙に自筆で書き連ねたものをほどきながら朗読する方、殆ど自作を暗誦していて、眼をつぶり瞑想の中で呟くように朗読する方もいる。その様々な朗読スタイルそのものが、作品に付加価値を添えるようでもあり、まさに韻文作品はライブ感を伴って鑑賞するものだという気持ちを深める結果になる。

このように考えると、やはり韻文作品は「声」によって解釈し、鑑賞していくべきであるという主張が必然といえそうだ。「韻文」という語彙そのものに込められた「音の響き」という感覚を得ずして享受すれば、

作品は中途なまま曖昧な解釈・鑑賞に放置されることになる。いわば「声で読む」行為、自分が解釈したままに「声」で表現する行為こそが、韻文を解釈・鑑賞する基本であるといっても過言ではない。もちろん、詩人本人が表現するものとの差異は認められなければならない。翻ってむしろ、読者としての「声で思考した」表現こそが、「韻文を読む」行為そのものであるといえるのではあるまいか。ここでは現代詩人として名高い谷川俊太郎氏の詩について、いくつかの「音読・朗読」方法を具体的に考えてみよう。

まずは教科書教材としても著名である「朝のリレー」から。

朝のリレー　谷川俊太郎

(A)カムチャッカの若者が
　きりんの夢を見ているとき
(B)メキシコの娘は
　朝もやの中でバスを待っている
(C)ニューヨークの少女が
　ほほえみながら寝がえりをうつとき
(D)ローマの少年は
　柱頭を染める朝陽にウインクする
(A)(B)この地球では
(C)(D)いつもどこかで朝がはじまっている

(A) ぼくらは朝を (B) リレーするのだ
(C) 経度から (D) 経度へと
(A) (B) そうしていわば (C) (D) 交替で (A) (B) (C) (D) 地球を守る
(A) 眠る前のひととき (B) 耳をすますと
(C) どこか遠くで (D) 目覚時計のベルが鳴ってる
(A) (B) (C) (D) それはあなたの送った朝を
誰かがしっかりと受けとめた証拠なのだ
(＊詩の中に記した (A)～(D) の番号が読み手を示す。この場合四名による群読の例。)

「朝のリレー」を四人で群読する際の参考例である。前半では、世界各地の朝の情景を四人それぞれが朗読することで、その差異を強調することになる。更に配慮するなら、「娘」「少女」が女性とするなら「若者」「少年」は男性と解することができるだろう。詩の表現は、その登場人物たちの客観的な状況を語るに過ぎないが、(B) (C)＝女性・(A) (D)＝男性と配置して群読すれば、情景との一致を活かすことができる。こうした配役で群読すると、詩の後半では男女の声が重なりながら二組で交錯することになる。更に一人ずつの読み方が次第に合流し、地球全体の一体感が出るように構成されている。最後はもちろん全員で斉読することで、詩の群読が幕を閉じる。

群読という音声化行為は、換言すれば作品を解体していくことでもある。その解体の過程に、作品内容の解釈に基づいた分析的な読みが要求されるであろう。地球という規模の中で、朝という一定の時間に焦点を当て、その時間の変遷という現実をある種の発見のように一作品の中に表現する。時の変遷とともに、たくさんの人々が地球上でそれぞれの時間を過ごしているという事実を再認識することばの響きが、この詩による表現の真髄であると鑑賞できるだろうか。このような鑑賞眼を働かせながら、詩が群読の読み手によって「声で思考」された後に、「声で表現」される。群読という方法で再構成された詩は、その場で「声を聴く」人々によって、新たに享受されていく。

次にことば遊びの要素を持った谷川作品。

いるか　谷川俊太郎

いるかいるか
いないかいるか
いないいないいるか
いつならいるか
よるならいるか
またきてみるか

いるかいないか
いないかいるか
いるいるいるか
いっぱいいるか

ねているいるか
ゆめみているか

「いるか」ということばの響きを巧みに組み合わせた『ことばあそびうた』。もちろん海にいる動物の「いるか」を基本義としながら、「居るか」という意味に、「いない」「みるか」といった音韻上似ていることばを併せて詩を構成している。全てをひらがなで表記したことで、「声」に出して読むことを自ずと要求するような作品だ。これは群読とまでいわずとも、「いるか」を一人が全て読み、他をもう一人が読むことで自然と掛け合いになる構成となっている。更に「居るか」という動詞に適当な主語を配してみたり、「要るか」「射るか」「煎るか」「鋳るか」などの同音意義語を連想することで、その場に即応した新たな「ことばあそび」を展開することができる。谷川氏の作品にはこのようなことばの響きから来る連想に依拠したものも多く、「声で遊ぶ」要素が随所に見られるのも特徴的である。

次にこれも有名な「生きる」という詩。

生きる　　谷川俊太郎

(A)
生きているということ
（教室全員）　いま生きているということ
それはのどがかわくということ
木もれ陽がまぶしいということ

ふっと或るメロディを思い出すということ
くしゃみをすること
あなたと手をつなぐこと

(B)　生きているということ
(教室全員)　いま生きているということ
それはミニスカート
それはプラネタリウム
それはヨハン・シュトラウス
それはピカソ
それはアルプス
すべての美しいものに出会うということ
そして
かくされた悪を注意深くこばむこと

(C)　生きているということ
(教室全員)　いま生きているということ
(A)　泣けるということ
(B)　笑えるということ

(C) 怒れるということ
(D) 自由ということ

(C)
生きているということ
(教室全員) いま生きているということ
いま遠くで犬が吠えるということ
いま地球が廻っているということ
いまどこかで産声があがるということ
いまどこかで兵士が傷つくということ
いまぶらんこがゆれているということ
いまいまが過ぎてゆくこと

(D)
生きているということ
(教室全員) いま生きているということ
鳥ははばたくということ
海はとどろくということ
かたつむりははうということ
人は愛するということ
あなたの手のぬくみ

群読は、読み手だけが参加する形式とは限らない。即興的に〈教室〉全体を巻き込むという方法も可能である。その為には、事前に〈教室〉にいる方々にプリントやスライド表示で、読む部分の指示をしておく必要がある。この「生きる」という詩は、あまりにも有名であるが、その「いま生きているということ」の一節を、〈教室〉全員を交えて「声」にするのである。これは聴き手である人々が、詩を「声」にすることに参加することで、自分の立場から「生きる」という意味を考える契機となる可能性がある。そして、その後に読み手の「声」が聞こえてくるのを、自分も心の中で呟きながら詩を鑑賞することができる。ある意味で、参加型の解釈・鑑賞へと導く詩の群読である。「生きる」という主題は、実に重くもあり、十人十色の価値観がある。それを許容しつつ、詩の余白に各自が自らの姿を発見することができるわけである。〈教室〉全体で「声で思考する」行為は、一体感を伴いながらも、各人各様の「生きる」を脳裏に描くことになる。詩がその韻律性と余白にある響きで成り立っているとするならば、その特徴を存分に活かしていく群読といえよう。群読とは、何も一斉に声が揃うことをよしとする訳でもなく、一律に心が揃うことを求める訳ではないのである。詩の解釈の多様性を活かしたところに、本来的な意味での群読が成立するはずである。

三、百人一首の「音読・朗読」実践構想

中華人民共和国（以下「中国」）では二〇〇〇年二月に「九年義務教育全日制小学語文教学大綱」（日本の学習指導要領に相当）を改訂し、小学校六年間で教科書に収録された作品を含む一五〇首以上の中国古典詩文を暗誦すべきという「数両目標」を明記し、さらに教育部推奨の「中国古典詩八〇首」を公開した。これ

に基づき現在中国では、数多くの暗誦用副教材が編集刊行され、全国の小学校で暗誦テストが実施されているという。（この点に関しては、内山精也「漢詩朗唱の可能性と問題点―漢文教育の視点から」『声の力と国語教育』学文社・二〇〇七年の第三章に詳しい）その八〇首の中身を見ると、日本の中学校高等学校の教科書に採録された多くの唐詩の存在がある。例えば「春暁」「涼州詞」「江南春」など、日本の教育現場でも「暗誦」の対象となる詩文である。何も国家が指導要領で「暗誦」の対象となる文学作品を規定する必要はないと思うが、日本でも「暗誦」を目的とした和歌群を見定めてもよいのではないかと考えてしまう。そこで対象として浮上してくるのが、いわずもがな『百人一首』の存在である。

百人一首は、日本の短詩形文学を代表する和歌の精緻を纏め上げたアンソロジーといっても過言ではないであろう。中世歌道の発展に大きく寄与した藤原定家撰による百首和歌の配列は、中世に至るまでの和歌史を通覧し、各時代の代表的歌人を網羅するという意味においても文化遺産的な価値は大きい。この『百人一首』に関しては、後の時代にカルタが普及したことにより、一層広い階層において存在感を増したといってよい。ただ、カルタ競技の為の題材としての色彩が強くなり過ぎて、純粋な解釈・鑑賞からは遠ざかる傾向があるのも否めない。例えば百首の和歌全てを暗誦できるが、その内容解釈は殆どできないといった学習者の存在である。これを「音読・朗読・暗誦」という本書のテーマに即して述べるならば、（競技カルタ向きの）身体的な「暗誦」を最優先に和歌が使用されているということである。カルタをいかに速く取るかという目的の為に、和歌を文字ごとに一音ずつ解体したのが「きまり字」ということになる。「一字きまり」の音を聴けば、即座に取り札が判別でき、取得する行動に移行できるという「聴覚→行動」という俊敏な身体性が養われるのである。もちろん解体された「一音」の意味などにこだわる必要はない。いやむしろ、こだわっていてはいけないのだろう。競技者は、ひたすら解体された「一音」ごとの音韻連接に全力で集中し、

「何音」が来れば「きまり字」であるかを判断できるような鍛錬が繰り返されるのである。例えば「一字きまり」は周知のように「む・す・め・ふ・さ・ほ・せ」で始まる七首であり、この「一字」が来たら下の句が特定されるので、その下の句が即座に脳裏に浮かべばよい。もちろん、各和歌の意味内容を十分に理解して把握している学習者がいないわけではないのだが。それでも、競技としてではない学習現場で、百人一首カルタを実施すれば、「二字きまり」の「このたびは」がくると取り札には「まにまに」があるというような、ことばの断片のみを捉えた方法が横行してくるのである。「このたびは幣もとりあへず手向山紅葉の錦神のまにまに」（二十四・菅原道真）という和歌の内容を理解しようとする目的には到底及ばない場合がある。

ここで競技カルタのあり方を否定する気は毛頭ない。むしろ百人一首という文化遺産を社会的に保存している功績には讃辞を贈りたい。ゆえに、競技カルタ以外の場においても目的なき「暗誦」というような捉え方が行われてしまいがちな点を是正したいと考えているのだ。競技カルタにおける身体的な暗誦のあり方が、教育現場で課題として行われる「暗誦」に、ある点で酷似しているともいえるからである。それは「暗誦の為の暗誦」が行われがちであるという現状である。教育現場で課題として暗誦が課されれば、その確認のための試験が実施される。文字として書く場合もあれば、声にしたものを確認する場合もあるだろう。時には「虫食い形式」で空欄を埋めていくような試験を課す場合もある。「暗誦」をどのような目的で課したかということを、指導者が学習者に明示していればまだしも、目的が曖昧なままに行われる「暗誦」は、やはり内容解釈を伴わない一時凌ぎの丸暗記になりかねない。さらに問題なのは、「声」にして「暗誦」を施していればまだしも、「文字列」でしか把握していない場合に、試験という「和歌鑑賞」を目的としない関門を通り抜けると、その「暗誦」は学習者の脳裏から消え去る一方になる。

次に和歌を「声で読む」際に、どのような調子で読むべきかについても考えておきたい。前提として「朗詠」という語が「平安中期、おそらく十世紀の前半以降までに成立した歌謡の一種で、もっぱら「漢詩文」に節をつけて吟誦するものであった。」とするもので、「「和歌の朗詠」とは、ごく近年にできた、新しい言い方で、歴史的な背景を踏まえたものではない」（『和歌を歌う　歌会始と和歌披講』三、「朗詠と披講について」青柳隆志・笠間書院・二〇〇五年）という点をまずは押さえておく必要があろう。和歌の場合は、限られた曲調を基本として守り続けられてきた「披講」という形式で、「声」で「歌われ」てきたものであり、現在でも「宮中歌会始」で行われる形式が、「宮内庁式部職嘱託披講会」により保存されているという（前掲書・青柳氏の論考参照）。

「披講」の所役には、「講師」「発声」「講頌」があるが、ここでは「歌の内容を伝えることを第一義」とする「講師」の読み上げに焦点を当てて考えておきたい。前掲の青柳氏の論考に拠れば、「「講師」の読み上げは「黄鍾調」（洋楽のA音）で、一句一句、区切って行われる。各句の終わりを長く引き延ばし、かなり休止を置いて次の句に移るので、ゆっくりとした印象を与える」と解説している（実際の発声に関しては前掲書添付のCDに音源あり）。こうした読み方が、和歌を「声」に出して読む際の一般的な形式においても模倣されて、『百人一首』競技カルタの読み上げ方などの基礎になっていると思われる。ただ、ここで注意しておきたいのは、「披講」における「講師」の発声は、句ごとの休止を長くしている意味である。和歌の各句ごとにある休止により、聴き手はその和歌の意味内容を解釈し想像する余裕が生まれる。同時に「声」となった句を心の内で反芻することもできる。その結果「五・七・五・七・七」全ての句が「発声」された後に、一首の意味内容をある程度理解し、和歌全体を一時的に「暗誦」できるような状態となる。一般的には、「不必要に長い」とも思われがちな休止には、そんな「内容解釈」と「暗誦」への配慮があると考えておきたい。この点は、和歌を「声で思考する」際に大変重要な留意点であると考えられる。

それでは、前述したような点をふまえつつ、百人一首を「声で思考する」実践構想を具体的に提案しておきたい。

【教材】『小倉百人一首』（二番）持統天皇歌

（1）春過ぎて夏来にけらし白妙の…衣干すてふ天の香具山

（＊上の句・下の句で分けて読む）

（2）春過ぎて…夏来にけらし…白妙の…衣干すてふ・天の香具山

（＊句ごとに末尾を引き延ばして読み、各句間はゆっくり約3秒ほど空ける。四・五句の間は短い間で続ける。和歌披講の「講師」の読み方を模倣した形式。）

（3）春過ぎて夏来にけらし…白妙の衣干すてふ・天の香具山

（＊和歌全体の意味の切れ目を考慮して読む。五七調の歌として二句目で意味が切れることを意識する。）

（4）春過ぎて夏来にけらし。　白妙の（枕詞）衣干すてふ、天の香具山。
（＊二句目で句点。三句目は「枕詞」で「衣」を引き出し、四句目で軽微な読点を意識して読む。）

（5）春過ぎて夏来にけらし（季節の変化）白妙の衣干すてふ・天の香具山（理由）
（＊二句目までが「季節推移の発見」。以下が「推移を判断した理由」という構造を意識して読む。）

（6）春過ぎて夏来にけらし白妙の衣干すてふ天の香具山
（＊情景を想像しながら暗誦する。）

【教材】『小倉百人一首』（五番）猿丸大夫歌

（1）おく山に紅葉ふみわけなく鹿の…声きく時ぞ秋は悲しき
（＊上の句・下の句で分けて読む）

（2）おく山に…紅葉ふみわけ…なく鹿の…声きく時ぞ・秋は悲しき
（＊句ごとに末尾を引き延ばして読み、各句間はゆっくり約3秒ほど空ける。四・五句の間は短い間で続ける。和歌披講の「講師」の読み方を模倣した形式。）

（3）おく山に紅葉ふみわけなく鹿の…声きく時ぞ秋は悲しき
（和歌全体の意味を考えて、三句目で切れるとすると「紅葉ふみわけ」の主語はどうなるかを考える。

＝「紅葉ふみわけ」の主語は「鹿」と解釈される。）

（4）おく山に紅葉ふみわけ…なく鹿の声きく時ぞ秋は悲しき
（和歌全体の意味を考えて、二句目で切れるとすると「紅葉ふみわけ」の主語はどうなるかを考える。

＝「紅葉ふみわけ」の主語は「人」と解釈される。）

（5）おく山に・紅葉ふみわけ・なく鹿の・声きく時ぞ・秋は悲しき
（自分が解釈したいと思う立場を明確にし、その解釈を反映させて一首を読む。）

（6）おく山に紅葉ふみわけなく鹿の声きく時ぞ秋は悲しき
（＊情景を想像しながら暗誦する。）

【実践構想の進行と指導上の留意点】

1、学習目標

（1）和歌の「音読・朗読・暗誦」を通して、日本語の持つ五七調・七五調のリズムを味わう。

（2）和歌の音律と意味との対応関係を意識する。

（3）「百人一首カルタ」に有効となるよう暗誦できるようにする。

2、学習指導計画（年間を通じて各授業の最初の五分間）

（1）和歌を耳で聞くことを体感し、自身でも「音読」をしてみる。

（2）和歌の意味の切れ目に注意して内容を意識して「音読」する。

（3）和歌の主眼となる抒情表現に注目し、意味を考えながら「音読」する。

（4）前二回の「音読」で得た内容理解を反映し、聞いている者に伝えるように「朗読」する。

（5）繰り返し「音読・朗読」してきた和歌を暗誦できるようにする。

3、副教材・配布資料

中学生向け『百人一首』解説書を学習者が携帯し、常に参照できるようにしておく。また、和歌全文が番号付きで見渡せるプリント資料を活用する。

4、指導例（五時間扱い）＊各授業開始後の五分間

	学習内容	学習活動	指導上の留意点
1	和歌朗読を聞き、自分でも音読する。	指導者の和歌朗読を聞く。追従読みで音読する。	なるべく平板に朗読する必ず「声」にしてみることを伝える。
2	読むことで意味を理解するようにする。	句切れを意識して、間をとりながら斉読する。	ことばの相互関連を考えて、上下だけで切れないことを告げる。
3	和歌の主題的な表現を意識する。	歌人の心情が表現された部分を強調して音読する。	和歌は抒情により成立していることを指導する。
4	他人に伝えることを念頭に指名読み。	和歌の内容を伝えるように朗読する。	どんな心境での和歌か一言を添えるよう指示する。
5	暗誦する。	冒頭音に続き一斉暗誦。個別に指名暗誦。	最初の音読に戻らないよう指示する。

四、パロディ創作を「声で思考する」実践構想

「音読―朗読」として読む対象は、果たして既存の作品だけでよいだろうか？　本来的な意味から学習者が「主体的」になるためには、他者の作品ではなく、本人の作品であることを考えてもよいはずである。「声で読む」という行為自体に「伝える」という意志が必要であり、その意志により「聴く」側の好奇心を

煽り、「受け取る」といぅ意志を覚醒させて伴ぅようになるからだ。ここでは、学習者の「創作を読む」といぅ学習活動の実践を紹介しておきたい。

「創作」といぅと短歌・俳句などの韻文から小説に至るまで、様々な分野を想定することができるであろう。周知のように新たに施行される学習指導要領の「言語活動例」にも、「創作」が謳われ、詩歌・物語など段階に応じた内容の取り扱いが実践されていくことになっている。だが、純粋な「創作」にこだわろうとすれば、学習者にとっては敷居の高い活動になる場合もある。また指導する側にも十分な心得が必要であり、なかなか手軽に行える実践とはいい難い。「声で読む」＝「表現し伝える」といぅことに主眼を置き、手軽に「創作」が楽しめるような学習活動もまた求められるのではないかと考えている。

ここでは筆者の実践例として、韻文テキストを元にした「読む創作」について具体的な例を挙げておくことにしよう。まずは『古今和歌集』を元にした韻文パロディ創作から。

『古今和歌集』に次のような歌が見える。

わが恋はむなしき空に満ちぬらし思ひやれども行く方もなし（四八八）
わが恋は深山がくれの草なれや繁さまされど知る人のなき（五六〇）
伊勢の海に釣する海人の泛子なれや心ひとつを定めかねつる（五〇九）

いずれも「恋」の部立に配列された歌である。「わが恋」を意外な物に見立てる構造の和歌で、（五〇九も和歌表現中にはないが、「わが恋」「われ」等が主語として考えられる）下句に共通点を示して結びつけるというものである。これらの歌を「謎掛けの構造」と指摘したのは上野理氏（『古今和歌集入門』藤平春男・上野理・杉谷寿郎著　有斐閣新書・一九七八年）である。上野氏に拠れば「「Aと掛けてBと解く、心はC」というとき、BはAに対して唐突であるほどよく、これを説明するCは意外な面からのものほどよい。」とこれらの和歌を評している。まさに落語にある「謎掛け」の構造が、一首の和歌の中に組み込まれているものであり、和歌史上で「理知的」という評価を得ている『古今和歌集』において、「言語遊戯」的要素を含む歌が存在した例として鑑賞できるわけである。

そこで、この和歌構造の型を利用して次の空欄内を言語遊戯として埋め、一種の「見立て」表現による和歌構造を模倣して創作するのである。

わが（　二字　）は（　　七字　　）（　五字　）
（　　七字　　）（　五字　）なし

この形式が「謎掛け」構造であることを元歌で十分に理解していれば、学習者が言語遊戯の要素も持ちながら、身近な素材を意外なものに喩え、その「落ち」を考えることを楽しむ創作が考えられる。自己表現のみならず、他者作品にも興味を抱き「伝える―聴く」という「声」の伝達が成立してくる。「落ち」が十分でなければ説明を求めることもできる。こうした楽しみながらの交流により、次第に各自が表現する内容を共有し合い、コミュニケーションが成立してくる。落語的な言語遊戯としての効用を見出すこともできるのである。

ここでは大学生の創作したいくつかの歌を例として挙げておくことにしよう。

○わが声は調子の悪い拡声器ここ一番にでかいことなし
○わが彼はキリスト教の絶対神心にあれど実像はなし
○わが手帳開いてみれば真白にぞバイトばかりでデート予定なし
○わが金は春を過ぎゆく雪の山あったはずだが一銭もなし
○わが愛は手からあふれるしゃぼん玉あまりあれども与える人なし
○わが腹は宇宙の果てのブラックホールいくら入れても満ちることなし
○わが髪は茂れる夏の草なれやほったらかせば落ち着きはなし

次は近代詩の一例。

土　　三好達治

蟻が
蝶の羽をひいて行く
ああ
ヨットのやうだ

ほぼ解釈の説明を要しない、基本的な見立て構造の詩であり、それが「ああ」という感嘆詞を挟み、前後で呼応するように機能している。この構造を利用して次の空欄内を創作し、「見立て」の詩歌パロディを創作する。

（　A　）が
（　B　）を
（　C　）
ああ
（　D　）のようだ

前述の「謎掛けの構造」と同様に、一見すると大喜利のお題のようでもあり、学習者がことば遊びの要素も持ちながら、身近な素材を「見立て」という比喩表現に仕立てていく。他者の作品に対しても、果たして何をどんな物に見立てるのかという興味を抱くことにより、「伝える—聴く」という「声」の伝達が成立してくる。「謎掛け」同様にAとBCの唐突な組み合わせに、意外性のあるDを見立てていく。それぞれの創作部分を「声」にする段階で、適度な間を置くことで、次に読まれる唐突かつ意外な創作部分を待つ楽しみが持てる。厳密な創作などというこだわりもなく、クイズのような感覚でことばを「声で思考する」。

もう一例。

雲　山村暮鳥
おうい雲よ
ゆうゆうと

馬鹿にのんきそうぢやないか
どこまでゆくんだ
ずつと磐城平の方までゆくんか

この詩には、「雲」に対して呼び掛ける「声」そのものが表現されている。そこで逆に、学習者側が「雲」の立場になって、「作者」や「人間」に対して、ほぼ同じ形式で応えていく詩を創作する。「おうい雲よ」に対して「なんだ人間」といった具合で後に続けるのである。この創作は、指導者なり他の学習者が原詩を朗読し、それに対して「こだま」が返るように呼応して発表していくとよい。授業では詩の詳細な説明をすることになるが、解釈の方向性を規定する以前の段階で創作に挑むことにより、詩の構造や言語感覚を体験することができ、学習者が自ら主体的に「読もう」とする姿勢が持てるようになる。

五、展望

韻文が韻文たる存在感を示すには、やはり「音読・朗読」を行い、「声」による享受が行われなければ十分にその魅力を理解することはできない。学習指導要領には「言語活動」に対する言及があるが、そのあり方にも関連させ批評・創作・書き換えなど、様々な展開の可能性を模索すべきであると思われる。本来的な意味での創作そのものを行うことも、もちろん大切な学習活動であることは否定しない。だが、そこに至るまでの過程で見本となる詩の解釈を通じて、その内容的な構造・音律的な要素を理解しておく活動が、より創作への意欲を喚起するものと思われる。

詩は、容易に群読やパロディを許容し、様々な様相に変化していく可能性を秘めている。短歌・俳句等の短詩形文学も含めて、「詩」を「声で思考する」行為を今一度見直してみる必要があるだろう。披講・歌会・句会などの伝統的な場に加えて、「詩」を「声」にして享受し合う空間を、様々な機会を通じて展開すべきであると考える。

その際にも、「音読―朗読」という行為を、「理解―表現」という主体的な思考として、目的を明確にし扱うべきなのである。

第四章　『走れメロス』朗読劇への実践構想

一、定番教材を「声」で読むために

中学校教科書の定番教材である太宰治『走れメロス』を〈教室〉で扱うことに対しては、これまでも様々な授業実践が報告されてきた。その実践自体が、もはや「定番」といってもよい程であろう。いうなれば「メロスがセリヌンティウスとの約束を苦難の末に守る」という「信実と自己変革の物語」としてこの小説を読む実践に、ほぼ固着してきた感が否めなかったということである。しかしながら、本来小説とは様々な読みを許容するはずであり、読む場所が〈教室〉であったとしても、そこに参加する一人一人の自由な解釈が認められるべきであろう。まさに指導者中心の「読み」から、学習者中心の「読み」へと次第に移行してきたという国語教育における改善が、今や進行してきている状況といってよい。

ここで述べる「読み」とは、いうまでもなく「解釈」という意味であるが、〈教室〉で「読む」という行為には、実に様々な意味づけを考えておかねばなるまい。とりわけ「声」で「読む」ということは、教室での学習活動として不可欠のものであるがゆえに、日常的な学習活動として目的が明確にされないという意味では軽視されがちである。

中学生レベルで小説を「読む」ということは、教材選定如何によっては問題なく行われる活動のようでもあるが、「読み」＝「解釈」という立場にこだわるとなると、決して容易に学習できるものではない。ましてや「語り」などの文学研究理論を導入し生徒の理解を求めるには、かなりの困難が伴う。しかし文学を教材とする以上、「読解」を避けて通ることはできない。「読解」の問題は、常に日本の国語教育上の問題点として、前向きに取り組まねばならないものである。そのことは、『読解指導開発マニュアル』（『月刊国語教育』二〇〇六年五月別冊）にも、問題点の指摘や様々な実践が紹介されていることにより、明確に示唆されているともいえよう。その中で町田守弘氏は、「受動的な「読むこと」から能動的な「読むこと」へと、授業のコンセプトを転換することが求められる」（「新たな読解指導開発のために」）と述べている。ここでいう「能動的」とは、氏もいうように「表現」の活動を含むということである。本章では、学習者個人の多様な「読み」の可能性を見出しながら、「声」で読むことの次元を高めていく朗読劇という表現学習へ向けての実践構想を展開してみたい。それは、学習者の想像力の喚起と自己表現を目標とする活動の試みでもあることをふまえて述べていくことにする。

これまで本書において「朗読」のあり方を定義してきたように、「声」で「読む」ことには、即ち「解釈」を伴うべきである。ここでいうところの「声」は、あくまで解釈をした上でライブ性のある生の「声」であることが望ましく、音声教材等による無機質な朗読を受身で聴くことを希求しない。〈教室〉における導入段階で一斉にそうした朗読を聴く授業が多く見られるが、むしろ学習者各自が黙読した方がましであるとさえ考えている。音声教材が、俳優によるどんなに優れた朗読であったとしても、それをただ流すだけでは、作品を知る契機にはなりにくい。敢えて音声教材を使うのであれば、登場人物の発話になったら学習者が自身の理解の為に「音読」をするといった、教材の性質に触れるような方法を採る必要があるだろう。特に

『走れメロス』の場合、よく注意していないとメロスの発話だか地の文だか迷う箇所も多く、学習者間で相違が出てくる可能性があり、その〝ズレ〟によって教材の性質に眼を開く契機となる場合もある。このように導入段階から「声で思考する」工夫を凝らさなければ、教材に対して深い興味を喚起することは難しい。翻って、本当に「声で読む」ことが可能なのは、ある程度小説の「解釈」が成立した後の仕上げの段階であり、そこで初めて「朗読」を行うことに意義があるといえるだろう。本章では、このような観点から、『走れメロス』という小説を、どのような過程で「朗読（劇）」にするかという道筋を辿ってみたいと思う。

二、登場人物の想像を糸口に

太宰治『走れメロス』における小説としての多面性に注目し、中学校の授業実践を通して国語教育上の見解を示した論考として、高木まさき『『走れメロス』そのテーマとユーモアの二重構造――自己の読みを超えるということ』（『文学の力×教材の力　中学校編2年』教育出版・二〇〇一年）がある。中学生が「解釈」に向かう姿勢を持つために、どのような「読み」が適切かという点で大変示唆的な内容である。また、同書には服部康喜氏による「転調する意識と言葉――『走れメロス』論」も掲載されており、この作品における小説としての〝語り〟の重要性について、先行研究をふまえながらその特質を分析している。服部氏の論考に対して高木氏は、同書の「所感交感」という相互批評の欄で「改めて〝語り〟というものの重要性についても考えさせられた。」としながらも次のように述べている。

しかしながら、ここで問題だと思われるのは、これら〝語り〟の分析は、言葉に対する非常に細かい注意力とその持続力が要求されるということである。文学研究では当然のことだとしても国語の授業と

なると、多くの場合、それは逆効果しかもたらさないのではないか、と思われる。（同書・二四八頁）

前掲論考で高木氏が「文学の読みの授業は――文学研究は別だが――難行苦行になってはいけない、と思うのである。」と述べていることの延長線上にある内容である。だがしかし、やはり「所感交感」においては、次のような見解もある。

（服部氏・注筆者）氏のような分析は、中学生には無理だと思うが、「走れ！メロス。」や「急げ、メロス。」などの言葉をきっかけに、語りの在り様がメロスの心理変化に対応しつつ、一方で読者をもその場に引きずり込む効果をもち、またそれらの言葉からは、語り手メロスへの温かな愛が感じられること、などについてもっと考えさせてもよかった、と思う。

このように高木氏の両面的な見解を知るにあたり、登場人物に焦点を当てた中学生の興味に根ざした学習活動であるべきという考えの一方で、『走れメロス』という作品が含有する、小説としての〝語り〟の魅力に言及し得ないことへの後悔が覗くのである。高木氏の考え方が振幅を示すことは、敷衍すれば中学校二年生の定番教材である『走れメロス』の教材論にも波及する重要な問題を含むものであるといえるであろう。登場人物中心の授業方法を施せば、〝語り〟に言及できないことへの後悔が募る。この葛藤から解放されるためには、どのような妥協点を見出せばよいのであろうか。
それはやはり高木氏の「所感交感」にあった次の一節がヒントになる。

だが、すぐれた言葉は「学習」されるだけでなく、「体験」されるだけでもいい場合があり、そしてそう言う体験も立派に「言語の教育」と呼びうるように思う。そう考えると、私たちは「言語の教育」を振りかざして、安易に言葉！言葉！と騒いで、いたずらに言葉を分析しすぎたのではないかと反省される。「言葉の学習」を強いたために、子どもたちに、文学や言葉をかえって面倒なものと思わせただけではなかったか……。

ここで高木氏のいう「「体験」されるだけでもいい場合があり、そしてそう言う体験も立派に「言語の教育」と呼びうるように思う。」という考え方に注目したい。知識・理論として「言語の教育」を施すのではなく、「体験」できる範囲で「言葉」として、〝語り〟へ目を向ける方法を施すのである。学校段階の授業というのは、何も知識・理論が完遂してなければならないというわけではない。文法事項に代表される言語体系の枠組を漏らさず習得することが、教育の目的であるといつしか誤解されてきたようにも感じられる。学習者が来たるべき将来において、〝語り〟という文学批評的な分析に眼を開く可能性がある際に、その契機となっていればそれで十分なのである。ましてや好奇心が旺盛となる中学校の授業において、「難行苦行」を施すべきではないという考え方は、高木氏に賛同できる。そして特に「体験」というレベルで、この小説を読むには「朗読（劇）」を創作する過程こそが適しているということができるであろう。では、高木氏の実践した授業も参考にしながら、「朗読（劇）」を創る際の下地となる登場人物の把握に関する、筆者の中学校での実践について述べていきたい。

小説を学習者が「声」で読むためには、「解釈」の糸口をどこに求めたらよいのであろうか。前掲高木氏の実践にも見られたように、やはり中学生が小説を読むということは、登場人物を読むことに一番の興味の対象がある。そこで、最初に登場人物の多面性を想像することから始める。『走れメロス』の場合、メロス・セリヌンティウス・ディオニスという三人の主要登場人物を取り上げ、その人物像に対する意見交換を導入としていく。初発の感想として、小説全体のみならず、登場人物に対する感想を書くことから開始する。

例えば、メロスを肯定的に捉える意見（Ⅰメロスはいい人・Ⅱいろいろなメロス）と否定的に捉える意見（Ⅲメロスは偽善者・エゴイスト・Ⅳメロスに対する疑問）という分類について、代表的なものを列挙してみよう。

Ⅰ、メロスは正直。メロスは心が強い。メロスは純粋である。

Ⅱ、のんきなメロス。強いのかと思えば諦めるメロス。前進と後退を繰り返すメロス。

Ⅲ、友人を勝手に人質にする悪者。自信の度が過ぎるエゴイスト。

Ⅳ、王に対する異常なまでの正義感はどこからくるのか？　なぜ安易に死ぬ覚悟ができるのか？

教室での話し合いを行い意見が交流する中で、学習者の見方に揺れが生じてくる場合が多い。私の実践における目的は「読み」を固着させないことであるから、こうした登場人物の多面性が、学習者同士の意見交流から見い出されることが大変重要になる。しかもその際に、学習者自身や周囲の友人などの性格を考え、長所は反面で短所になる可能性を秘めていることの発見を促すことが望ましい。小説という虚構世界に入り込む際にも、常に自身とその周辺の現実世界とに関連しているという問題意識を持ち、想像力を喚起するべきではないだろうか。これがまさに虚構に潜む真実を考える糸口というわけである。

三、小説の場外へ

人物像を多面的に考えた後に、学習者が抱く疑問として多いのは、メロスとセリヌンティウスとの関係である。友人を正義の為とはいえ勝手に人質にしてしまい、また人質にされた側もなんの抵抗もなく人質になることに対する疑問である。「信実の物語」と結論ありきで読んでいたのでは、決して浮上してこない疑問であろう。その後に朗読する際にも、学習者の中にこの疑問に対する何らかの拠り所が必要になるのではないだろうか。

そこで、想像力の喚起という意味で、学習者に「メロスとセリヌンティウスの過去の物語」を四百字程度で創作する試みを実践した。いわば教材としてテクスト場外を、想像する試みである。学習者は既に登場人物を多面的に見ようとする意見交換をしているゆえに、この「過去の物語」も一様ではなく方向性は多種多様になる。この創作物語を実施した結果、大きく次のように分類される物語が産み出された。

1、セリヌンティウスがメロスに借りを作る物語
2、セリヌンティウスがメロスを（自己中心的だと）熟知している物語
3、セリヌンティウスがメロスに対して小説本文と同じような行動をとる物語
4、セリヌンティウスがメロスだけでなく、（メロスの）妹のためなら献身的になれる物語
5、セリヌンティウスがメロスとは友人以上の（血脈などの上で）深い繋がりがある物語

勿論、この「物語」分類に属さない創作もあるが、多くはこのような類型に収めることができた。また、ここに挙げた類型は全てセリヌンティウスを主語にしたが、メロスを主語に、その自由奔放さを強調する物語も無いわけではない。それゆえに、ここで学習者が創作した物語について、前項1〜5に挙げたような短い要約を作成する。この作業は、学習者自身が作成するのが理想的だが、指導者が作成し教室の意見交換の材料として提示することで、学習者は自己の創作がどのように読まれたかを知るという方法もある。自己の創作短編物語が、指導者という一読者に「解釈」されたことを経験するのである。その上で主語が、メロスのままか、セリヌンティウスに反転したかという点を問題意識として持ち、小説の主人公はその場外で反転し脇役に転ずるという発想を、実際に体験することができるわけである。さらに「行動派—忍耐派」という性格的な図式までもが、交錯するということに気づいていくのである。

このような学習者による「小説の場外へ」の創作は、その状況設定や人間関係への考え方などにおいて自己の経験や考え方が反映されてくる。「自分」という題の作文に四苦八苦する中学生が、容易に楽しみながら創作の中に自己の姿を投影していくように感じる。このことが指導者として学習者理解の一助になることはいうまでもない。虚構の物語を読み進めるにあたり、更にその小説の場外を想像することから、読者の意識として、その物語に自らが入り込む。そこに個性的な自己投影が見られることは、読者論の立場からも興味ある発見であった。

【実践構想進行と指導上の留意点①】

（1）教材を学習者自身で黙読し自由な感想を書く。

＊黙読して筋を追うという「読書」の形態を再認識するよう示唆する。

＊敢えて朗読ＣＤなどは用いないようにし、学習者の〈教室〉における音読も行わない。
＊漠然とした感想ではなく、登場人物に対しての意見を書くように指示する。

（２）前時の感想をもとにして意見交換をする。
＊感想をいくつかの類型に分けて、学級内の傾向を知らせる。
＊同じ人物に対して反転した意見が出てくることを自覚するように指導する。
＊他者の意見やものの見方から学ぶことが多いことを示唆する。

（３）メロスとセリヌンティウスの過去の物語を創作する。
＊小説の場外に自身の想像力を広げることができることを伝える。
＊創作物語に対して要約文（〜が〜する物語）をつけて発表する。（指導者が要約文をつけて、受け取られ方を経験させる方法も考えられる。）
＊創作物語が学習者自身の自己投影になっている場合があることに留意する。

（４）教材を音読し、「声」が意味を担っていることを自覚する。
＊小説の文を誰が語っているのかを意識するように工夫する。
＊文章が何を描写しているのかを分けて考えられるように指導する。（状況描写・心情描写・心の声・声かけ・人物評価など）
＊「語り」という文学理論で分析しようとすると中学生の理解を超えるので注意する。

（以下、P84（5）に続く）

四、朗読劇を創る

それでは、朗読劇を創るにあたりその進行を項目ごとに提示し、実践の展開を紹介していくことにしよう。

【中学国語『走れメロス』朗読劇を創ろう】

◎学習目標

（1）小説の登場人物と話の展開からどのような物語が読み取れるか、その多様性を考える。
（2）小説を朗読することで、「声」が意味を担っていることを発見する。
（3）グループで工夫を凝らした脚本を制作し、教材を朗読劇として発表する。

1、班を構成する＝三人〜七人の間で朗読班を作る。

2、朗読場面を決める＝教科書等で提示された場面分けにとらわれる必要はないので、自分たちの班で読みたい場面を決める。

3、朗読劇の役割分担を決める

注意

A＝登場人物（会話）と語り手（ナレーション）を区別する。（「会話文」と「地の文」）

B＝語り手にもいくつかの種類があるので、それを分類して分担する。

（例）

◇状況描写＝登場人物の行動を客観的に描写している語り

◇心情描写＝登場人物の内面の様子を把握して客観的に描写している語り

◇心の声＝登場人物の心中のつぶやきを述べている語り

◇声かけ＝登場人物に声をかけるように声援したり言い聞かせたりする語り

◇人物評価＝登場人物がこのような人などと評価を与えている語り

C＝単に本文を読むのではなく、自分たちの班で読みとった劇に仕立てること。

4、小説本文を元に脚本を作る

A＝せりふの繰り返しや、語り手に反抗する心の声などを考えて差しはさむ。

B＝擬音語・擬態語で工夫できるものがあれば、演出効果として差しはさむ。

C＝読む調子や感情の注意書きを入れる。

D＝効果音やBGMも可能なら検討する。

E＝小道具などで演出効果が上がるものがあれば利用する。

5、各班ごとに朗読劇を実際に練習する

A＝実際に読んでみて内容と合っていない点があれば話し合って読み方を検討する。

B＝工夫して差しはさんだせりふや擬音語・擬態語・効果音などに、あまりにも違和感があれば話し合って演出を工夫する。

C＝全体を通してどういう物語を創り出しているか、お互いに話し合う。

6、朗読劇発表会

他の班の発表を聞き、お互いにどのような物語を創作したかという観点で評価し合いながら聞く。

【実践構想の進行と指導上の留意点②】

（5）朗読劇の班を構成し、脚本を制作する。

＊朗読場面をどこにするかを話し合うことから始める。

＊役割分担を決める際に、前時の内容を活かして考えるように示唆する。

＊朗読劇がどんなテーマを表現しようとしているのかを提示するよう求める。

＊小説文章を改編（擬音語・擬態語・心の声など）したり、演出効果も工夫するよう指導する。

（6）朗読劇の練習をする。

＊実際に読んで、テーマに即さない部分や台詞に違和感があれば修正する。

＊各班で決めたテーマが表現されているのか、常に考えるように促す。

＊安易な受け狙いの構成になっていないか、工夫の意図を問いかけて各班の練習を巡る。

（7）群読を練習した成果を、学級で発表する。

＊劇場のような特別教室があれば移動して実施できるようにする。

＊指導者を含めて客観的な視点で相互評価するようにする。

＊学年・学校全体・文化祭など、発表機会は可能な限り拡大し、優秀な班は次へ進むようにすると、次第に切磋琢磨されてよりよい朗読劇を生み出すことになる。

この項の最後に、小説本文をどれだけ改編し「朗読劇」に適した脚本を作成したかという具体例を挙げておきたい。これは中学生ではなく大学生が、「朗読」実践の際に作成したものである。

【読み手の配役】

語り手＝A・B

老人と王＝C

メロス（前進・再起）＝D・E

メロス（後退・衰弱）＝F・G

【『走れメロス』朗読劇　脚本例】

走れメロス

(A)メロスは激怒した。

(D)「何かあったのか、二年前にこの町に来た時は、夜でも皆が歌を歌って、町はにぎやかであったはずだが」

(C)「王様は、人を殺します。」

(D)「なぜ殺すのだ。」

(C)「悪心を抱いている、というのですが、だれもそんな、悪心をもってはおりませぬ。」

(D)「たくさんの人を殺したのか。」

(C)「はい、初めは王様の妹婿様を。それから、ご自身のお世継ぎを。妹様を。妹様のお子様を。皇后様を。賢臣のアレキス様を。」

(D)「おどろいた。国王は乱心か。」

(C)「いいえ、乱心ではございませぬ。人を、信ずることができぬ、と言うのです。ご命令を拒めば十字架にかけられて、殺されます。今日は、六人殺されました。」

(A)聞いて、メロスは激怒した。

(D)「あきれた王だ。生かしておけぬ。」

(A)メロスはのそのそ王城に向かい、たちまち捕縛されて王の前に引き出された。

(C)「この短刀で何をするつもりであったか。言え!」

(E)「町を暴君の手から救うのだ。罪のない人を殺して、何が平和だ。」

(C)「黙れ、下賤の者。疑うのが、正当の心がまえなのだと、わしに教えてくれたのは、おまえたちだ。人の心は、あてにならない。人間は、もともと私欲の塊さ。信じては、ならぬ。おまえだって、いまに、はりつけになってから、泣いてわびたって聞かぬぞ。」

(E)「ああ、王はりこうだ。うぬぼれているがよい。わたしは、ちゃんと死ぬる覚悟でいるのに。命ごいなど決してしない。ただ、―ただ、わたしに情けをかけたいつもりなら、わたしを、三日間だけ許してください。もうすぐ結婚する妹が、わたしの帰りを待っているのだ。わたしを信じられないならば、よろしい、この町にセリヌンティウスという石工がいます。わたしの無二の友人だ。あれを、人質としてここに置いていこう。わたしが逃げてしまって、三日めの日暮れまで、ここに帰ってこなかったら、あの友人をしめ殺してください。頼む。そうしてください。」

(C)「願いを、聞いた。その身代わりを呼ぶがよい。三日めには日没までに帰ってこい。遅れたら、その身代わりを、きっと殺すぞ。ちょっと遅れてくるがいい。おまえの罪は、永遠に許してやろうぞ。」

(E)「なに、何をおっしゃる。」

(C)「はは。命が大事だったら、遅れてこい。おまえの心は、わかっているぞ。」

(A)メロスは、すぐに出発した。その夜、一睡もせず十里の道を急ぎに急いで、翌朝、村へ到着した。結婚式は、その翌日に行われた。昼から降り始めた大雨にも負けず、狭い家の中でのにぎやかな祝宴は、夜に入っていよいよ乱れ華やかになり、メロスは、(D)一生このままここにいたい、(A)と思った。

(D)このよい人たちと生涯暮らしていきたい(A)と願ったが、今は、自分の体で、自分のものではない。

ままならぬことである。メロスは、わが身にむち打ち、ついに出発を決意した。メロスは笑って花嫁と花婿に声をかけ、村人たちにも会釈して、宴席から立ち去り、羊小屋にもぐりこんで、死んだように深く眠った。

目が覚めたのは明くる日の薄明のころである。メロスは跳ね起き、雨中、矢のごとく走り出た。

(E)わたしは、今宵、殺される。殺されるために走るのだ。身代わりの友を救うために走るのだ。王の奸佞邪知を打ち破るために走るのだ。走らなければならぬ。そうして、わたしは殺される。若い時から名誉を守れ。さらば、ふるさと。(A)若いメロスは、つらかった。幾度か、立ち止まりそうになった。(E)えい、えい(A)と大声あげて自身をしかりながら走った。村を出て、野を横切り、森をくぐりぬけ、二里行き三里行き、そろそろ全里程の半ばに到達したころ、降ってわいた災難、メロスの足は、はたと、止まった。

(B)見よ、前方の川を。昨日の豪雨で山の水源地は氾濫し、濁流とうとうと下流に集まり、猛勢一挙に橋を破壊し、どうどうと響きをあげる激流が、こっぱみじんに橋げたをはね飛ばしていた。

(D)「ああ、しずめたまえ、荒れ狂う流れを！　時は刻々に過ぎていきます。太陽もすでに真昼時です。あれが沈んでしまわぬうちに、王城に行き着くことができなかったら、あのよい友達が、わたしのために死ぬのです。」

(B)濁流は、メロスのさけびをせせら笑うごとく、ますます激しく躍り狂う。そうして時は、刻一刻と消えていく。今はメロスも覚悟した。ざんぶと流れに飛び込み、満身の力を腕にこめて、押し寄せ渦巻き引きずる流れを、なんのこれしきとかき分けかき分け、みごと、対岸の樹木の幹に、すがりつくことができたのである。日は既に西に傾きかけている。ぜいぜい荒い呼吸をしながら峠を登り、登りき

って、ほっとした時、突然、目の前に一隊の山賊が躍り出た。（効果音＝こん棒の音）

メロスは猛然一撃、たちまち、三人を殴り倒し、残る者のひるむすきに、一気に峠を駆け降りた。だがさすがに疲労し、おりから灼熱の太陽がまともに、かっと照ってきて、メロスは幾度となくめまいを感じ、(E) これではならぬ、(B) と気を取り直しては、よろよろ二、三歩歩いて、ついに、がくりとひざを折った。天を仰いで、くやし泣きに泣きだした。(E) ああ、あ、濁流を泳ぎきり、山賊を三人も打ち倒し韋駄天、ここまで突破してきたメロスよ。真の勇者、メロスよ。(F) 今、ここで、つかれきって動けなくなるとは情けない。愛する友は、おまえを信じたばかりに、やがて殺されなければならぬ。おまえは、希代の不信の人間、まさしく王の思うつぼだぞ、(B) と自分をしかってみるのだが、全身なえて、もはや芋虫ほどにも前進かなわぬ。路傍の草原にごろりと寝転がった。身体疲労すれば、精神もともにやられる。(G) もう、どうでもいい (B) という、勇者に不似合いなふてくされた根性が、心のすみに巣くった。(F) わたしは、これほど努力したのだ。(G) 約束を破る心は、みじんもなかった。(F) 神も照覧、わたしは精いっぱいに努めてきたのだ。(G) 動けなくなるまで走ってきたのだ。(F) わたしは不信の徒ではない。(G) ああ、できることならわたしの胸を断ち割って、真紅の心臓をお目にかけたい。(F) 愛と信実の血液だけで動いているこの心臓を見せてやりたい。(G) けれどもわたしは、この大事な時に、精も根も尽きたのだ。(F) わたしは、よくよく不幸な男だ。(G) わたしは、きっと笑われる。(F) わたしの一家も笑われる。(G) わたしは友をあざむいた。(F) 中途で倒れるのは、初めから何もしないのと同じことだ。(G) ああ、もう、どうでもいい。(F) これが、わたしの定まった運命なのかもしれない。(D) セリヌンティウスよ、許してくれ。(G) きみは、いつでもわたしを信じた。(D) わたしもきみを、あざむかなかった。(G) わたしたちは、本当によい友と友であったのだ。(D) 一度だって、暗い疑惑の雲を、お互い胸に宿したことはなかった。(G) 今だって、きみはわたしを無心に待っているだろう。(D) ああ、待っているだろう。(G) ありがとう、セリヌンティウス。(D) よくもわたしを信じてくれた。(G) それを思えば、たまらない。(D) 友と友の間の信実は、この世でいちばん誇るべき宝なのだからな。(G) セリヌンティウス、わたしは走ったのだ。(D) きみをあざむくつもりは、みじんもなかった。(D) (G) 信じてくれ! (G) わたしは急ぎに急いでここまで来たのだ。(D) 濁流を突破した。(G) 山賊の囲みからも、するりとぬけて一気に峠を駆け降りてきたのだ。(D) わたしだから、できたのだよ。(F) ああ、このうえ、わたしに望みたもうな。(G) ほうっておいてくれ。(F) どうでも、いいのだ。(G) わたしは負けたのだ。(F) だらしがない。(G) 笑ってくれ。(F) 王はわたしに、ちょっと遅れてこい、と耳打ちした。(G) 遅れたら、身代わりを殺して、わたしを助けてくれると約束した。(F) わたしは王の卑劣をにくんだ。(G) けれども、今になってみると、わたしは王の言うままになっている。(F) わたしは、遅れていくだろう。(G) 王は、独り合点してわたしを笑い、そうしてこともなくわたしを放免するだろう。(F) そうなったら、わたしは、死ぬよりつらい。(G) わたしは、永遠に裏切り者だ。(F) 地上で最も、不名誉の人種だ。(G) セリヌンティウスよ、わたしも死ぬぞ。(F) きみと一緒に死なせてくれ。(G) きみだけはわたしを信じてくれるにちがいない。(F) いや、それもわたしの、独りよがりか? (G) ああ、もういっそ、悪徳者として生き延びてやろうか。(F) 村にはわたしの家がある。(G) 羊もいる。(F) 妹夫婦は、まさかわたしを村から追い出すようなことはしないだろう。(G) 正義だの、(F) 信実だの、(G) 愛だの、(F) 考えてみれば、(F) (G) くだらない。(G) 人を殺して自分が生きる。(F) それが人間世界の定法ではなかったか。(G) ああ、なにもかも、(F)(G)ばかばかしい。(F)わたしは、醜い裏切り者だ。(G)どうとも、勝手にするがよい。(F)やんぬるかな。—(B)四肢を投げ出して、うとうと、まどろんでしまった。

ふと耳に、潺々、水の流れる音が聞こえた。すぐ足もとで、水が流れているらしい。よろよろ起き上がって、見ると、岩のさけ目から滾々と、清水がわき出ている。その泉に吸いこまれるようにメロスは身をかがめた。水を両手ですくって、一口飲んだ。(E)ほう(B)と長いため息が出て、夢から覚めたような気がした。(D)歩ける。行こう。(B)肉体の疲労回復とともに、わずかながら希望が生まれた。義務遂行の希望である。わが身を殺して、名誉を守る希望である。斜陽は赤い光を、木々の葉に投じ、葉も枝も燃えるばかりに輝いている。(D)日没までには、まだ間がある。わたしを、待っている人があるのだ。少しも疑わず、静かに期待してくれている人があるのだ。(D)(E)わたしは、信じられている。わたしの命なぞは、問題ではない。死んでおわび、などと気のいいことは言っておられぬ。(D)(E)(F)(G)わたしは、信頼に報いなければならぬ。今はただその一事だ。

(A)(B)(C)(D)(E)(F)(G)走れ！　メロス。

この参考例は、小説冒頭からメロスが人質を託して故郷へ帰り、挫けそうになりながらも再起して走り出す場面までを改編して脚本化したものである。前半ではメロスとディオニスとの会話を中心とした構成にしてあり、メロスが人質を託すまでの成り行きを立体的に浮かび上がらせる効果を生む。その後、故郷に帰ってからのメロスは、精神が幾度となく挫けそうになる「後退するメロス」、そこから「再起するメロス」という内面の葛藤が詳細に描かれている。配役を決定する際には、この二種の精神の叫びが交錯する人間的な苦悶が十分に演出できるようにしていくことができる。

もちろんこれは大学生であるから可能であるともいえるが、少なくともただ小説本文を読もうとするだけではなく、演出までを考えて脚本を構成する作業は、小説のテキスト分析が不可欠である。その難解な理論はさておき、小説の記述を「声で読むため」に格闘する経験というのは、中学生レベルにおいても何らかの収穫が得られるはずである。知識がなければ小説が読めないと指導者が諦めるのではなく、体験することから知識の糸口を掴む国語教育が必要なのではないだろうか。そのような意味で「声で思考する」体験は、どの年齢層においてもそれ相応の価値があるものと、これまでの実践を通じて実感している。

五、客観的な視線――「声」で読む体験から

小説の「読み」には、各自の自由な解釈が可能であるという立場から論を展開してきたが、そこには客観的な根拠が求められるのはいうまでもない。学習者個人個人が読んだ『走れメロス』を、班を構成して朗読劇に創り上げていく過程には、自己の「読み」を他者に披瀝する場面が数多く存在する。その際に、班の中でお互いが納得し一つの朗読劇を創るためには、他者を説得するための根拠が不可欠であろう。そうした班の中での協議や練習を経て、次第に朗読劇が形を成してくる。客観的な視線を次第に増やすことで、自己の読みの根拠が妥当であるか否かにも気づくことが多いだろう。「朗読」には「解釈」が伴うということを本章冒頭に述べたが、表現行為である朗読には、必ず客観性と自己表現の摺り合わせが必要であるということになるであろう。そんな意味で、朗読劇を創る過程にこそ小説を「読む」上での考え方を学ぶ要素が、実に多く含まれているといってよい。

最終的な朗読劇発表会は、学級等の集団全体の前で各班の創作劇を展開する場である。班内だけで各自の「読み」の妥当性を協議してきたものが、より多くの他者の視線に晒されることになる。その際に、自分が

属する班以外の朗読劇に対してコメントを書くことにする。そのコメントは優劣ではなく、「どんな物語が表現されていたか」とする。自分たちが創り上げてきた朗読劇は、その制作段階でも様々な意見の摺り合わせがあったはずである。そこに更なる客観的な視点から、その表現したい物語がどのようなものであったかに対して、様々な意見が寄せられる。表現し批評に晒されることで、他者との意見交換を通じた交流が促進されるのである。

登場人物の多面性を問題意識として持ち、その過去の物語を創作することで、小説が語り出していることに具体的な考え方を持つことができる。より客観化された登場人物と、より自己の経験などを反映した物語により、文脈化・個人化された小説として解釈する土壌ができる。その上で、「語り」により展開する小説を、「声」で他人に伝えようとする。このような実践を通しても、特に「語り」という概念に関しては、なかなか中学生レベルに対して理解をさせるのは困難である。しかし、だからこそ、自ら「声」で小説を伝えようとする体験が必要なのではないかと考えている。仮に教材の「文字」のみに頼って、この概念を理論的に説明しようとした時、中学生レベルにとっての理解を超えて、無味乾燥な授業になりかねないであろう。

また、このような実践を教育現場で行うに当たり、時間数の制約という問題が必ずつきまとう。しかし、中学生レベルであるからこそ先を急ぐことなく、じっくり一つの小説に向き合う時間も必要ではないのだろうか。

小説作品の内部に入り込み、脚本を作成するために作品を分析して考え、そして集団内で作品に対する見方・考え方を討議し合う。そして朗読劇という表現行為に及ぶ際に、集団内の意見を摺り合わせ、一つの創作を練り上げる。更に大きな集団内で作品の多様性を享受する。そのような深い学習活動こそ、現況の日本の国語教育に必要なのではないかと思われる。

名作がいくら教科書に採録されていても、表面を擦るような学習活動では、思考力も感性も養えるはずはないのである。

第五章　漢詩教材「音読」の理論と実践構想
――東アジア漢文教育の可能性――

一、漢文学上の「音読」

高等学校や中学校の授業を中心とした漢文教育の現場において、「音読」は不可欠の学習活動であるということができるであろう。このようにいう場合の「音読」とは、「黙読」の対照語として「朗読」に連なるもので、「漢文を声に出して読む」という本書の中心的テーマとして述べている国語教育的な意味においてのものである。「音読」のもう一つの限定的な意味は、「訓読」の対照語として「直読」に連なるもので、「漢文を字音のまま直読する」という漢文学上の意味においてのものである。本章でテーマとするところの「音読」は本書の他章とは異なり概ね後者であり、高等学校や中学校で扱われる漢文の読み方に、新たなる可能性を考えていこうとするものである。

従来、多くの先学によって、このような「漢文を字音のまま直読する」という立場の音読論が展開されながら、あまり一般には普及しなかったようである。ましてや、学校現場における「漢文」の読み方は、「訓読」が絶対的であり、それ以外の可能性が、ほとんど見い出されていないのが現状であろう。そこで、本章では先学の論を検討しながら、特に学校現場の授業において、「音読」がどのように実践可能かを理論として検討してゆくものである。

また、ここで最初に確認しておきたいのは、「音読」の可能性を主張することが、そのまま「訓読」の存在の否定にはならないという立場である。高等学校や中学校の授業で、その中心ともいえる「訓読」のあり方を活かした上で、補助的に「音読」という方法を考え、その結果として得られる効用について考えてみたい。その効用として一番顕著なのが、「訓読」では味わえない〝韻律《リズム》〟が体感できることであろう。こうした観点から、本章では特に韻律性が作品の重要な要素である漢詩教材を中心に「音読」のあり方を検討する。

「音読」をすることは「訓読」に馴染みきった漢文の授業において、非常に違和感が生じることが予想される。しかし、その違和感を覚えることが何らかの刺激となり、外国語に対する言語意識や、外来文化の摂取・受容を特徴とする日本文化のあり方などを、学習者が主体的に考える契機となることが十分に可能であろう。授業の中において、読み方が多様化する上に、教材に対する意識も多様化する可能性がある。

本章では、こうした諸々の立場をふまえて、漢詩教材「音読」の理論と実践構想について考えてみたい。

二、漢文「音読」の歴史

最初に、「漢文音読」が、日本においてどのように扱われてきたか、その歴史を概観しておきたい。

漢文が我が国に渡来した時点で、最初にどのように読まれたかについては、明確な見解は得られていないが、これを主に江戸時代の諸説に見てみると、次に示すように、概ね「音読」したという説と、「訓読」したという説に大別されるようである。

○「音読起源説」

＊太宰春臺『倭読要領』　＊湯浅常山『常山楼筆余』　＊卜部兼倶『神代巻抄』

○「訓読起源説」

＊松下見林『本朝学源』　＊本居宣長『漢字三音考』　＊日尾荊山『訓點復古』

「音読起源説」の代表的なものとして、荻生徂來の門人・太宰春臺の『倭読要領』を見ておこう。

○太宰春臺『倭読要領』～顛倒読害文義説

今吾国の人、中華の書を以て、此方の語となして、顛倒して読む故に、文義を害すること多し。此事上古にはこれあるべからず、中古より以来なるべし。其故は、王仁始て吾國の人に書を授し時は、倭語の数も少く、王仁異國の人にて、此方の言語に通ずることも難かるべければ、只異國の音にて、異國の読みを教るに過べからず。其後中華の書多く傳はり、文学の教弘まりて、物の名も定まり、言語の数も多くなりて、中華の文学、民間までに行はる。是によりて学士大夫、書を読む者、中華の字を翻じて倭語となしてこれを読む。倭語を以て中華の書を読むに、其文を顛倒せざれば、其義通ぜざる故に、遂に顛倒の読となれり。（中略）

然れば吉備公の國字を造り、倭語顛倒の読を創けるは、後の学者に甘き毒を啗しめたるにあらずや。此毒人の骨髄に淪て除きがたし。若これを除んとおもはゞ、華語を習ふにしくはなし。華語とは中華の俗語なり。今の唐話なりされば文学に志あらん者は、必唐話を学ぶべきなり。

ここでは、日本人の漢文の読み方が「顛倒」させたものであり、それ故の意味の取り違いが多いことを述べている。そのことは中古以来のことで、上古の時代には、「音読」をしていたが為に、意味も正確に取ることができたというものである。したがって、この春臺の説においては、「音読」を起源とした上で、「文学に志ある者は、中国語（華語・唐語）を学ばなければならない」としている。これは当然ながら次に示した、荻生徂來の『譯文筌蹄序』に見られるような、「支那音直読説」を継承したものであり、中国語の熟達が、漢籍を読む上での最良の方法であるとする、外国語学習への視点を持った主張である。

○荻生徂徠『譯文筌蹄』序

漢学の教授法は先づ支那語から取かゝらねばならぬ。教ふるに俗語を以てし、誦するに支那音を以てし、譯するに日本の俗語を以てし、決して和訓廻環の読方をしてはならぬ。先づ零細な二字三字の短句から始めて、後には纏まった書物を読ませる、斯くて支那語が熟達して支那人と同様になってから、而る後段々と經子史集四部の書を読ませると云ふ風にすれば勢破竹の如しだ、是が最良の策だ。

こうした「音読起源説」に対して、漢籍が渡来した時点から「訓読」が行われていたとする、「訓読起源説」を立てた学者も見られる。この中で、特に日尾荊山は、徂來学派の「音読説」への反対意見を、次に示したように、その著書『訓點復古』の中で述べている。ここでは、「訳」としての「訓読」にこだわり、「音読」は無益であることを述べている。

○日尾荊山『訓點復古』

彼此域を同うせざれば語も亦自ら異なり、語異なれば必ず譯を俟て而後意義始て通ず。

（中略）
もし譯言もなく空しく或は漢音、或は呉音、又は百済の音にのみ傳へたならば、今の僧徒の陀羅尼を誦し、蘭学者の蘭書を聞くにひとしく、何の益有る可からず。

これらはいずれも、それぞれが主張する読みのあり方を、起源に結びつけて考えたものである。よって、ここで重要なのは、起源の問題ではなく、江戸時代において「音読論」「訓読論」の双方が主張されると同時に、一方が主張される折には、一方を否定的に捉える内容が見られたことである。

次に、大正・昭和期に提唱された「音読論」を見ておくことにする。まず、最初に青木正児の『漢文直讀論』である。この論では「訓読の読書に害あること」として、次に示した三点を挙げている。

○青木正児「漢文直讀論」（大正九年十月）
（一）訓読は読書に手間取って、支那人同様に早く読むことが出来ない。是に関して音読は幾ら早く読めても小僧が経を読むようで意義が解らないでは無益の沙汰だと云ってゐる人もあるが、それは音読の罪で無く、罪は読者にある。吾人は今日欧文を学んだ経験や支那俗文学を読んだ実験から、此くの如き議論の最早問題にならぬ事を知ってゐる。
（二）訓読は支那固有の文法を了解するに害がある。何となれば訓読の結果日本文法に因はれ、是を以て彼を束縛せんと欲する弊に陥ることが往々ある。
（三）訓読は意義の了解を不正確にする。訓読が隔靴搔痒の感があるのは云ふ迄も無いが、甚しきに至っては実際了解出来てゐない事を自分には解ったやうな幻覚を起こす場合がある。何故ならば所謂訓なるものは多く古語で、中には現代一般に通用し難いものも少なからざるに関らず、それが日本語である為に解ってゐるような気がする。

これは、いずれも「訓読」の害を述べているが、逆な見方をすると、「音読」を行えば解決する問題であり、「音読」を行う意義という点で、示唆を与えてくれる論である。

さらに、昭和になって提唱された「音読論」として昭和七年に出版された、岡田正三の『漢文音読論』がある。

○岡田正三『漢文音讀論』（昭和七年）

私は漢文の中にある特殊の文法を見出した。これに因って読めば漢文は実に明晰になり、反読で歪められ誤られ、殺されたものが、全く生れかはった様な生々とした判然した姿を以て現はれて来る。そこで私は感じた、漢文は音読に因って再吟味されなければならない、私は音読法を世に伝へる使命を有すると。

（著者自序より）

古人は漢文を反読と言ふ方法に因って取入れた。そして、此方法は今日に至る迄無批判に踏襲せられてゐる。人人は之に対して何ら語学的検討を加へようとはしない。併し其は反読が語学的方法として完全無欠、何らの批判を許さないからではなく、学者が徒らに古人の糟粕を嘗めるのみで、語学的良心を欠いでをることを立証するに止るものである。

（第一編第一章「語学的方法としての反読」より）

吾人が漢文を音読するのは単に反読の誤謬を訂正しようと云ふばかりでなく、其の文中の細かい言葉のアヤの中に著者の生きた声を聞き、その構文の中に著者独特の思惟形式を発見し、かくの如くにして従来見付けられ得なかった点を見付け出して漢文を見直そうと云う所にその目的を有してゐた筈である。それが為には音読してゆく内に一語一語で其語の意味を味ひ、その文法的意味・位置を感受して行かなければならない。訳して始めて意味がとれるのではなく、音読せられたその中に意味が味はれなくてはならない。そこで必要なことは反読をすっかり忘れると云ふことである。

（第四編第七章「反読を捨てて音読する人へ」より）

この著作においては、その自序の中で「音読を世に伝える使命感」を述べ、第一編第一章の「語学的方法としての反読」では、反読に「語学的検討が欠如していること」を述べている。さらに、「反読の誤読」という章の中で、古来からの漢文の読み方を具体的に検討しつつ、そこには文法の意識が欠如しており、幾多の誤読が受け継がれてきていることを指摘している。また、第四編第七章「反読を捨てて音読する人へ」では、「音読の意義」をまとめると共に、「反読」をすっかり忘れることを述べている。このように、従来の漢文の読み方が、古人の経験に頼った受身的なものであり、西欧の古典研究のように論理的思考の働く余地がなく、解釈上の進歩が見られないことを、具体的に述べた著書である。この岡田氏の論においても、「音読」の意義は十分に理解できるが、やはり、「訓読」を否定する立場をとっている。この点において、たとえ「音読」の意義が理解できても、長い歴史の中で根強い「訓読」に対等するまでの読み方に、「音読」が普及し得ない一つの原因を見ることもできよう。

このことは、その後も展開される「音読」の主張に「よりすぐれた方法としての「音読」によって、より劣った方法としての「訓読」を廃止しようという意欲と方向性が含まれていた[1]」ことで、より一層、論争の摩擦を大きくしていく背景が見られたようである。

このような立場の、典型的なものとして昭和十六年に出版された倉石武四郎の『支那語教育の理論と実際』では、「漢文も中国語で学ぼう」という主張から、次に示したような、いわゆる、「訓読塩鮭論」が展開されている。

○倉石武四郎『支那語教育の理論と実際』（昭和十六年）

論語でも孟子でも、訓読をしないと気分が出ないといふ人もあるが、これは孔子や孟子に日本人になってもらはないと気が済まないのと同様で、漢籍が国書であり、漢文が国語であった時代の遺風である。支那の書物が、好い国語に翻訳されることは、もっとも望ましいことであるが、翻訳された結果は、多かれ少なかれその書物の持ち味を棄てることは免れない。立体的なものが平面化することが予想される。持ち味を棄て、平面化したものに慣れるとその方が好くなるのは、恐るべき麻痺であって、いはば信州に育ったものが、生きのよい魚よりも、塩鮭をうまいと思ふ様なものである。

元来、日本において支那の詩を読ませるのに、今まで、ほとんど訓読の方法を使用したため、大学で詩の講義があっても、まったく詩の音律の問題には触れていない。平仄がいかなる意味を持つか、何故、支那の詩句が一句の末で韻を踏むか、韻文としての死活問題がまったく放擲されて、それで詩の巧拙が論ぜられている。………勿論、訓読も一種語学には相違ないが、前にも云ふ塩鮭語学であって、本当の生きた持味が出ないのみか、国語の夾雑によって不純なる概念を多く導かれる。

（「漢文教育の衰徴」十五より）

以上、平安朝初期以来の長い伝統を持つ「訓読」という圧倒的な方法に対して、「音読」を提唱してきたいくつかの論を概観してきた。いずれも、「訓読批判」の上に立った論であり、それゆえに、「訓読」の絶対的な安定度に対する違和感ばかりが目立ち、「音読」普及にまでは至らなかったものと考えられる。近年においては、中国古典研究の立場から「音読」と「訓読」の相補性を以て、それぞれの長所を場面に応じて活用していくことが提唱されている。[2]この、相補性を保つことこそ、語学教育的な視点と、日本における伝統の中の「訓読古典学」という文化的な視点を共有できる方法と考えてよいだろう。

三、「国語科」の古典分野における「訓読」の位置づけと「音読」の方法

それでは次に、学校現場の実践の中で、「漢文訓読」がどのように位置づけられているかを整理しておきたい。

学校現場で扱う漢文教材は、基本的には訓点が付けられている。これは、教材を理解しやすくするための配慮として、例えば、高等学校学習指導要領（平成二十一年告示）にも「国語総合3内容の取り扱い」の中で、「特に漢文については訓点を付け、必要に応じて書き下し文を用いるなど理解しやすいようにすること。」と謳われている。そして、その解説文の中には、「「訓点」とは、返り点、送り仮名、句読点など漢文を読みやすくするために古来工夫されてきた符号である。漢文を国語科の古典の一分野として取り扱うものであり、訓点を付けて読みやすくする必要がある」とされている。したがって、朗読などにおいても、「訓読」した上で指導するのが一般的な方法であり、その中で、「範読」「斉読」「群読」などを効果的に実施す

るよう工夫がされている。特に、「群読」などにおいては、昨今多くのユニークな実践報告が為されてきたようである。

このような、学習指導要領の「国語科の古典の一分野として取り扱うもので訓読が原則」とする立場は、広く日本の学問・文化の歴史を考えたときに、それらが漢籍を対象とし、これを「訓読」する事により解釈・理解されて形成されてきたという点において、極めて妥当かつ本来的なものと考えてよいだろう。とりわけ、「国語科の」という意味においては、現代日本語における、論理的文体の基礎が「漢文訓読体」であることを見ても、「訓読漢文」が深く言語・文化に関わっていることで、教科の内容として重要な分野ということができる。このように「訓読」は、「国語」という教科の一分野である「漢文」の読み方としては、歴史的・文化的な背景から重要性を具えており、積極的に位置づけ得るものである。

これまでに述べた「訓読」は、「翻訳論として客観的に見た場合、原文音読の省略による、日本語文語文への直訳[3]」と考えることができる。確かに、前述したような意味において、「訓読」は、「国語」の中の「漢文」における読み方としては、中心的な位置づけがされている。しかしながら、それが直ちに「音読」を省略したり、ましてや、排除しようとする理由にはならないであろう。したがって、学校現場の「漢文」の授業の中においても、「訓読」という原則を十分に活かした上で、相補的に「音読」を実践してゆく方向を考えてもよいのではあるまいか。

ここで問題になるのは、「音読」をどのような「発音」で行うかということである。第二節で述べた「音読」の諸論や現況の「中国古典学」の立場からすれば、「現代中国音」によって発音するのが一般的である[4]とされている。昨今の高等学校において、外国語科目の多様化が進む中で、興味ある方向であるが、現実の国語としての授業を考えたときには広く用いられてゆく方法とはいい難い。なぜなら、「中国語の発音習得」

という、外国語学習上の障壁を、指導者も学習者もクリアしなければならないからである。よって、「現代中国音」による「音読」は、高校現場では考えづらい。仮に、指導者が「現代中国語」に習熟している場合や、視聴覚教材などで、中国語の発音が聞ける場合においても、学習者には参考に聞かせることにとどめておくべきである。ましてや、中学校現場においては、なおさら参考程度と限定して扱うべきである。そこで、学校現場で実施される「音読」においては、「現代中国語による音読」と「訓読」の中間的存在で、語学習得の有無や程度を問わずに実践できる、「日本漢字音」を利用すべきであることを提言したい。[5]

ここで提言する「日本漢字音」による「音読」によって復元されうるものは、漢文教材の「リズム」（節奏性）[6]である。したがって、どの教材にも「音読」を実施していくわけではなく、厳選する必要がある。とりわけ、散文教材は「中国語音の音読」に慣れた人でないと「リズム」（節奏性）の復元が困難であり、中学校・高校の「音読」対象とはなりにくいといえる。それに対して、漢詩教材は、その表現の基本として「韻律性」が重要な要素であるから、「音読」の対象として積極的に扱うことができる。

漢詩教材を「日本漢字音」で「音読」した場合、「韻律の三要素」[7]のうち最重要である「リズム」（音数律）が復元できる。つぎに重要である「押韻律」もほぼ復元することができる。しかしながら、「四声・平仄」（音調律）は復元することができない。それゆえに「日本漢字音」による「音読」は「現代中国語による音読」と「訓読」の中間と位置づけることができるわけである。これは、「国語」という教科における「漢文」の中に、中国古典としての原詩における「共通・不変なリズム」を復元することを導入することになり、教材の根元的な中国文学としての要素をも味わうことが可能となる。

ここで、「日本漢字音」を利用した「音読」実践の際に留意することをまとめてみると、概ね次の三点を考えておく必要があろう。

① 「日本漢字音」は原則として「漢音」を用いるが、リズムの再現を目的としているため状況に応じた例外を認めても何ら問題はない。

② 「音読」の直後に「訓読」を必ず続けて声に出すこと。

③ 朗読の際には、生徒が聞き手になる場合においても、「原文の同一箇所」を必ず見ていること。いわば、「聴覚」（音）と「視覚」（文字）の両面を意識すること。

四、「日本漢字音」による「音読」の実践

前節の立場をふまえて、ここでは、中学・高校の安定教材を選び、「音読」と「訓読」を併用した朗読の実践例をいくつか紹介しておくことにする。まず最初は、「渭城曲」とも呼ばれ、唐の時代からすでに朗誦されていた韻律のはっきりとした漢詩である、王維の「送元二使安西」を取り上げる。

送《そう》・元《げん》二《じー》、使《しー》・安《あん》西《せい》　　元二の安西に使ひするを送る　　王維

渭《いー》城《じょう》朝《ちょう》雨《うー》邑《ゆう》軽《けい》塵《ぢん》×　　渭城の朝雨　軽塵を邑し

客《きゃく》舎《しゃ》　青《せい》青《せい》　柳《りゅう》色《しょく》　新《しん》×　　客舎青青　柳色新たなり

勧《かん》君《くん》　更《こう》尽《じん》　一《いっ》杯《ぱい》　酒《しゅー》×　　君に勧む　更に尽くせ　一杯の酒

西《せい》出《しゅつ》　陽《よう》関《かん》　無《むー》故《こー》　人《じん》×　　西のかた　陽関を出づれば　故人無からん

○　×印は「休音」を示す。
○　⌒印は「二音一拍性」を示す。
○　日本漢字音が、日本語の一音節になるものは、二音節に伸ばして読む。

この詩においては、特に第二句（承句）の訓読が「客舎・青青・柳色・新たなり」であり、ほぼ原詩のリズムに近い「○○　○○　○○　○×」という四拍子を再現しているため、音読をしても違和感が少ない。また、朗誦にも適した作品であるため、韻律の流れの中で音読を理解しやすい上に、韻字を認識する際も「塵（ぢん）・新（しん）・人（じん）」（上平声真韻〔真韻〕）と一首全体のリズムの中で明確に把握することができる。「日本漢字音」で読んだ時と「現代中国語音」で読んだ時の近似性が、強く体感できる教材例である。

次に五言絶句の安定教材、孟浩然の「春暁」を取り上げる。

春《しゅん》暁《ぎょう》

春《しゅん》眠《みん》 不《ふー》覚《かく》暁《ぎょう》 ×

処《しょー》処《しょー》 聞《ぶん》啼《てい》鳥《ちょう》 ×

夜《やー》来《らい》 風《ふう》雨《うー》声《せい》 ×

花《かー》落《らく》 知《ちー》多《たー》少《しょう》 ×

春　暁　　孟浩然

春眠　暁を覚えず

処処　啼鳥を聞く

夜来　風雨の声

花落つること知る多少

この作品は、中学・高校を通して多くの教科書に採られており、漢文を学習すれば必ず一度は扱う教材である。したがって、その安定度の高さゆえに、訓読のリズム以外にはあまり目が向けられないようである。また、学校現場で「訓読」のみで学習した場合、すでに教科書に掲載してある段階で、当然ながら訓点が施されているので、リズムの味わいが制限されてしまっている。ここでは、この詩を「音読」する事によって見えてくる、鑑賞の深化について触れておきたい。

この詩の第一句・三句においては、「韻律のリズム」と「意味のリズム」が「〇〇　〇〇　〇×」という形で一致している。いわば、〝正調リズム〟を有していることがわかる。それに対して、第二句・四句においては「韻律リズム」（「〇〇　〇〇　〇×」）と「意味リズム」（「〇〇　〇×　〇〇」）の間にズレが生じており、〝変調リズム〟となっている。一首の中に、〝正調リズム〟と〝変調リズム〟が適宜混在していることによって、表現が多元化・重層化しているのである。このように「訓読」のみでは理解し得ない中国古典詩としての鑑賞と問題意識を、「音読」は提示するのである。

「日本漢字音」による「音読」は、このように深化した鑑賞面のみならず、生徒が漢文に、ある程度習熟する以前(8)の中学段階や高校の入門期においても、実践することが可能であろう。単純に棒読みすることにより親しみを覚えると同時に、「訓読」がいかに巧妙な日本語への直訳であるかを意識した上で、「訓読」習得の学習を可能とする。

以上、「日本漢字音」による「音読」の実践例を漢詩教材について挙げてみた。ここで、「音読」の長所をまとめておきたい。第二節で述べた、岡田正三の『漢文音読論』においても、既に詳細な検討から、その長所が述べられている。それを参考にしながら指摘をしてみることにする。

①「訓読」の方法によって識別できなかったものが、音読によって始めて知られるようになり、従来の解釈（訓読の妥当性を含めて）を再検討するきっかけになる。具体的には、例えば一つ一つの漢字の音や意

味を調べ直すことで、日本人が無意識のうちに漢字に託している日本的な語感を払拭できる。

②「訓読」は、経験で何となく理解したような気になっているが、音読だと漢字の用法をふまえなければ理解できない。

③意味がはっきりしないとき、「音読」ならそのままにして再検討できるが、「訓読」だと無理に解釈を決定しなければならない。

④語順・虚字など、文章をもとのまま、その全体を伝えることができる。そのため暗記などに際して、脱字をすることが少ない。

⑤「拍節リズム」が再現されるので、リズム感があって覚えやすく語順も間違わない。また、本来の中国古典詩としての鑑賞が深まると同時に、「訓読リズム」との対比からさまざまな問題意識を持つ可能性がある。

以上のような長所のある「日本漢字音」による「音読」を、「訓読」の補助的手段として実践し、さらに、時と場合に応じて視聴覚教材などによる「現代中国音による音読」をまじえれば、実に多種多様な朗読や群読の実践が教室内で可能になり、漢詩教材を扱う授業の多様化が促進されるわけである。

五、東アジア漢文教育への視野

高等学校の教育課程では、概ね古典指導の重視が掲げられてきたが、その授業の現状を考えると、本来の目標を見定めた内容であるかは疑わしい実情が散見される。中でもとりわけ軽視される傾向にあるのが「漢文」の授業である。これは、大学入試に漢文を課す学部が極端に減少してきたこととも相俟って、昨今、高等学校において、急速に強まっていく傾向にあるといってよい。このような実情である今だからこそ、「国語」という教科の中に「漢文」の意義をどのように位置づけるかを、はっきりとさせる必要があり、その意義に即した指導の改善が望まれている筈である。

抑も教育課程で古典重視の方向が提示された理由は、「国際化への対応」が打ち出されたからであった。すなわち国際社会に生きる日本人を育てるため、①「異文化理解」②「自国の文化伝統の理解」が求められていたのである。そこから改訂が加えられ、平成二十一年告示の高等学校学習指導要領には、

古典などを読んで、言語文化の特質や我が国の文化と中国の文化との関係について理解すること。
（学習指導要領国語編・第五節「古典A」「2内容ウ」の項目）

と述べられている。

「言語文化の特質」とは、「我が国の伝統的な言語文化の独自の性格やその価値を指す。」とされ、「我が国の伝統的な言語文化として重要な位置を占めている古典を読み、それぞれの時代や社会の姿、その中で言語文化を生み出した人々のものの見方、考え方、感じ方に触れることを通して、生徒が言語文化の特質を理解することを求めている。」と解説されている。また、「我が国の文化と中国の文化との関係」については、「中国からもたらされた文物は、我が国の文化の形成に大きな影響を与えてきたが、我々の先人は、それをただ受け入れただけでなく、そこから我が国独自の文化を育て上げてきたということを理解することが、古典の学習では必要不可欠である。」とされている。（以上「高等学校指導要領解説」より引用）

こうした「文化の理解」が重視されているからには、単に大学入試に出題されないことや、時間数の少な

さを理由に、学習者が「漢文」に触れる時間が減少してしまうことは、大きな問題といわざるを得ない。高等学校の「国語総合」「古典」など、多くの学習者が履修可能な科目や中学校における授業においても、「漢文」を的確な位置に据えて、前述したような内容を意識しながらの指導が望まれるわけである。

「漢文教育」の内容上の重要性は前述したが、その目標はどのように考えたらよいのだろうか。再び、高等学校学習指導要領に目を向けると、次のように提示されている。

古典としての古文と漢文、古典に関連する文章を読むことによって、我が国の伝統と文化に対する理解を深め、生涯にわたって古典に親しむ態度を育てる。

(学習指導要領国語編・第五節「古典A」「1目標」の項目)

古典としての古文と漢文を読む能力を養うとともに、ものの見方、感じ方、考え方を広くし、古典についての理解や関心を深めることによって人生を豊かにする態度を育てる。

(学習指導要領国語編・第五節「古典B」「1目標」の項目)

この目標を高等学校における授業の実情に即してみると、あまりにも「読解し鑑賞する能力」にこだわり過ぎてはいないだろうか。さらに言えば、「鑑賞」よりも「読解」の能力を養うことに偏向している場合が多い。こうした偏りを生み出しているのは、大学入試において解釈問題が中心で、古典原文を現代語訳できる能力で評価することにこだわっていることに大きな原因があると思われる。したがって、大学入試に対応するという実利的な考え方から、文法重視の分析的な解釈作業が、学習指導の中心になるわけである。その結果、「ものの見方、感じ方、考え方を広くし、古典についての理解や関心を深める」どころか、いわゆる

「古典嫌い」の学習者が増える一方である。しかも学習者の多くは、たとえ文系大学に進学したとしても、古典を専門とする者はほんの一部に過ぎないのである。高等学校の古典学習が、研究者養成のためのものでないことは自明の理である。

この立場は、一概に「文法重視の分析的な解釈作業」を否定するものではない。「読解する能力」への偏向を是正せよという立場である。思考力を伸ばし心情を豊かにすることによって「人生を豊かにする」態度が養われ、古典に親しみを感じるようになれば、学習者の興味に応じて文法学習が自ずと為されるようになるであろう。解釈作業の根底に、学習者の主体的な学習活動が存在することを忘れてはならない。

さて、「文法重視の分析的な解釈作業」への偏りは、とりわけ「漢文に親しむ」という目標にとっては大敵である。学習者はただでさえ、漢字に対しての嫌悪感が強く、訓読の基礎習得等にも意義を見出せない場合が多いからである。それにもかかわらず、入門期から訓読の方法を記号化して教え込まれることなどが中心であり、試験などにおいても教師が認める唯一無二の訓読文や現代語訳が絶対視されて採点され、広範な視野を持った指導がなされないのが実情ではなかろうか。これでは学習者の「漢文嫌い」を助長することにこそなれ、「人生を豊かにする態度を育てる」指導からは程遠いといわざるを得ない。

そこで、例えば訓読の指導にあたっても、その方法を知識として教え込むのではなく、訓読が、中国詩文を和文に直訳するために、日本人が長年培ってきた有効な方法であることを認識させ、語順の違いや再読文字・助字の用法などに、語学的な興味を抱くことができるものにしていくことが必要である。そうすることによって、漢字を媒介とした中国文化と日本文化の関係を、語学的な見地から体験することができるはずである。訓読指導の提示の方法によって、学習者の思考力を刺激し働かせることが可能となり、主体性をもって分析的な訓読の有効性を理解していくことができるわけである。

このように、訓読の導入段階において、言語的特質の比較を意識する視点を併用していくことを述べたが、さらに読解や鑑賞を深めつつ漢文に親しみを持たせるためには、どんな方法が現実的であろうか。再度、学習指導要領には次のような項目が見られる。

古文や漢文の調子などを味わいながら音読・朗読・暗唱をすること。
（学習指導要領国語編・第五節「古典A」「2内容（2）ア」の項目）

この項目の解説には、「音読・朗読・暗唱を、古文や漢文がそれぞれもつ特有の調子などを味わいながら行うことが大切である。古典は、現代の文章とは異なるリズムや響き、表現の美しさ、深さ、面白さに満ちている。このような古典の魅力に気付かせることは、古典への興味・関心を広げ、生徒の主体的な学習を促すなど、古典の学習にとって大きな効果がある。また、音読、朗読、暗唱をすることは、文章の理解を助けたり、生徒同士で文章の内容や表現についての理解の有り様を確認し合ったりする上でも効果的である。」とある。これは即ち、朗読に工夫を凝らすことによって、音声化された作品を体感し興味関心を広げる方法である。

さらにそれが「文書の理解を助けたり」することに効果的であるとされている。「音読、朗読、暗唱」を通じて「文章の内容や表現についての理解の有り様を確認」していけるような現実的指導法は、これまであまり提唱されていないといわざるを得ない。以下、この二つの結びつきに注目し具体的な方法論を考えてみたい。

六、複線的「音読・朗読」の実践構想

漢詩教材の持つ文学作品としての普遍性とは、「抒情性」と「韻律性」であるとされているが、時代を超えて我々に訴えかけてくる「人間の感性」と「耳や口を利用した味わい」（聞いて覚えたり、口ずさんだりすること）は、歌曲が人間生活に不可欠な存在であるのと同様に、深い意味を持っているといってよい。このことは、近年、生涯学習への関心が高まる中で、漢詩を扱う講座や詩吟が一定の人気を博していることを見れば、容易に理解されることであろう。いわば、漢詩教材は生涯を通じて「人生を豊かにする」対象としては、恰好の教材であると思われる。それにも関わらず、学校現場の授業において漢詩は扱いが難しい教材であるとする声が多く聞かれる。その原因は、前述した「分析的な解釈に偏向した学習指導」に他ならない。しかも漢詩教材の場合、短い語句の中に奥深い抒情が集約されているということもあって、「分析的」という面で散文作品より感性に依存した説明になることが多い。そのため文法的な説明をほとんど要せず、観念的で一方的ともいえる、学習者にとって退屈な授業になりがちである。「親しみ」を持つ可能性が大きいからこそ、漢詩教材の扱いには本章で述べた懸案に応えていくような工夫が要求されるのである。

漢詩教材そのものが根元的に持つ「韻律性」と「抒情性」が、人間の感性に深く訴えていくという意味で、比較的広い階層に親しまれる教材であることを前節では述べた。また、同時に「韻律性」をより本来的に再現するために「現代中国語音」を参考までに、「日本漢字音」を声で読む実践として、漢詩を字音読みし「訓読」と併用していく、多様な「音読・朗読」方法が考えられることにも触れた。これによって、漢詩本来のリズムと、日本語としての「文語自由詩」（訓読）のリズムが重層的に再現され、押韻の把握なども朗読を通してできるようになる。それでは、この「韻律性」を生かしながら「音読・朗読」という方法で、

「読解・鑑賞」に結びつけるには、どうしたらよいであろうか。

ここでは、リズムを重視するという観点から、ある程度の定型リズムによって漢詩を翻訳した近代の諸作品を、併せて「音読・朗読」していくことを提唱したい。翻訳詩を含めることにより、漢詩の内容が学習者にとってより身近なものとなり、あらためて字音読みや訓読に回帰したときに、その声の強弱、高低、緩急などを翻訳詩の読みの解釈に基づき工夫することができる。さらには、読み方の複線化、複々線化によって教室における学習者主体の群読が、実に多様化するわけである。それでは、高校、中学を通していくつかの安定教材について、この方法を具体的に示してみよう。

《字音読み》

春暁　孟浩然

春《しゅん》眠《みん》不《ふー》覚《かく》暁《ぎょう》
処《しょー》処《しょー》聞《ぶん》啼《てい》鳥《ちょう》
夜《やー》来《らい》風《ふう》雨《うー》声《せい》
花《かー》落《らく》知《ちー》多《たー》少《しょう》

《訓読》

春眠　暁を覚えず
処々　啼鳥を聞く
夜来　風雨の声
花落つること　知る多少

《翻訳詩》

ハルノネザメノウツツデ聞ケバ
トリノナクネデ目ガサメマシタ
ヨルノアラシニ雨マジリ
散ツタ木ノ花イカホドバカリ

中学、高校を通してたいていの教科書に採られている安定教材「春暁」を、「日本漢字音による字音読み」「訓読」「翻訳詩」（井伏鱒二『厄除け詩集』による訳詩）を並べた例である。次にもう一例、五言絶句の安定教材、李白の「静夜思」である。

《字音読み》　《訓読》　《翻訳詩》

静夜思　李白

牀《しょう》前《ぜん》看《かん》月《げつ》光《こう》　牀前　月光を看る　ネマノウチカラフト気ガツケバ
疑《ぎー》是《しー》地《ちー》上《じょう》霜《そう》　疑ふらくは是れ　地上の霜かと　霜カトオモフイイ月アカリ
挙《きょー》頭《とう》望《ぼう》山《さん》月《げつ》　頭を挙げて　山月を望み　ノキバノ月ヲミルニツケ
低《てい》頭《とう》思《しー》故《こー》郷《きょう》　頭を低れて　故郷を思ふ　ザイシヨノコトガ気ニカカル

これもまた、井伏鱒二の「翻訳詩」を並べた例である。井伏の訳詩は、ほぼ「七音・七音」を原則に訳されているので、読んでいて調子がよくことばの上でも理解しやすい。作品としては、五言絶句のみで訳詩の数も限られているのが残念なくらいである。同じ「翻訳詩」で、もう少し文語調を好まれる向きには、土岐善麿『鶯の卵　新訳中国詩選』（筑摩書房　昭和六十年　筑摩叢書二九六）がある。そこから前例二首の詩の翻訳を紹介しておく。

　　　春あけぼの　　　　　　　　静けき夜の思い

春あけぼのの　　うすねむり　　床にさす　　月かげ
まくらにかよう　　鳥の声　　うたがいぬ　　霜かと
風まじりなる　　夜べの雨　　仰ぎては　　山の月を見
花ちりけんか　　庭もせに　　うなだれては　　おもうふるさと

　この土岐善麿の『鶯の卵』には、「春・夏・秋・冬・雑」に分類され、数多くの翻訳詩が所載されているので、中学、高校を通してたいていの教科書に採られた漢詩教材の訳詩を探し出すことができる。また、見ての如く「七・五調」や「五・七調」のリズムに乗せた翻訳であるため、「音読・朗読」に際しても収まりがよい。

　以上、具体例は紙幅の関係で、この二首の漢詩教材にとどめるが、七言絶句においても要領は同じである。ただし、いずれの詩を扱う場合においても、具体例に示したように、三通りの読み方を板書やプリントにより学習者に示し、視覚的に認識しながら読ませることが肝要である。さらに、指導者による中国語音による参考朗読や、視聴覚教材（例えば、ＮＨＫ制作「漢詩紀行」の中の中国語による詩の朗詠部分や教科書付録の音声教材など）を同時に聞かせながら、併せてこの方法で「音読・朗読」をすれば、実に効果的であり、学習者が音声化することを楽しむような斉読や群読が可能となるであろう。もちろん、このように「音読・朗読」することを通じて、学習者の「読解・鑑賞」が次第に深まり、やがては、各自の創作的な翻訳詩・絵画や、効果音・写真図版などの小道具を使用した趣向が凝らされていくことが期待される。

漢詩教材を扱う際の「音読・朗読」とは、単に古典を古典として読もうとするだけではなく、その根元的なリズムの普遍性を介在させ、古典を現代に蘇らせるものでなければならないだろう。一首の漢詩に対して、「（中国詩としての）原詩」「（日本語の）文語自由詩」「（より近現代詩的な）文語定型詩」という三通りの読み方をすることによって、リズムの純粋な対応という議論は別として、「韻律性」を生かしながら「読解・鑑賞」に結びついていくであろう。これは同時に、普遍的なリズムに対して人間が持ち得る、「好意的な感性」を刺激していくわけであるから、必然的に古典に親しむことができるわけである。したがって、当然の結果ながら、暗誦を課した場合などにも、歌曲の歌詞を比較的楽に覚えてしまうのと同じ理由で、復唱と連鎖の効果で容易に暗記できるはずである。

今後求められるべき古典教育は、国際化の中に位置づけられなければならない。その国際化ゆえに、学習者各自の中に「日本文化とは何であるか」という問題意識が根付いていかねばならないであろう。その疑問に答えるにあたり、「日本文化＝外来文化の摂取・受容」という立場を明確にし、「東アジア漢字文化圏」の中の一文化という認識を強めていくべきである。このようなことを学習者が主体的に考えるためにも、漢詩を複数の読み方で「音読・朗読」し、親しむことによって「読解・鑑賞」を深めていく学習指導が是非とも必要であり、その過程を通じて多くの発見が得られることが望まれる。したがって、新しい古典教育を考えるにあたり、漢詩を含めた漢文教材は必要不可欠なものと強く認識し、授業方法の工夫に力を尽くしていかねばならないと考えられる。

七、授業多様化の中から主体的な学習を

現在、国際化の視点から、「異文化理解」が重要視されると共に、古典教育においては、「自国の文化と伝統」に対する関心や理解を深める態度を養う方向性が示唆されている。我が国における、文化の普遍的な特徴として「外来文化の摂取・受容」を考えるとき、「漢詩文享受」が各時代の古典分野において、言語を中心とする諸文化の源となったことは疑いのない事実である。したがって、「漢文」を「音読」することは、その妥当性が過去にも数多く述べられており、本章で述べたように、「日本漢字音」を利用すれば、学校現場でもすぐに実践できることから、学習者にとって身近に「日本文化のあり方」を考える材料となる。学校現場において、こうした方法が、言語・文化への興味を深めつつ、より広い視野の元に実践されていくことこそ、今後、望まれるべき古典教育の方向性であろう。

「訓読」という原則を十分に活用した上で、「日本漢字音」という共有化された「音読」を相互補完的に実践することで、学習者が「日本文化」を「東アジア文化」の一展開であるという認識を主体的に考えられ得る授業こそ、今後の漢文教育の可能性を大きく広げることになるのである。

注

（1）松浦友久「「訓読古典学」と「音読古典学」――その意義と相補性について――」『新しい漢文教育』（第二十五号　一九九七年）において「音読」「訓読」それぞれの主張の当否を客観的に検討している。

（2）注1　松浦所掲論文

（3）注1　松浦所掲論文

（4）中国古典作品を「現代中国語」で読む意義の妥当性を述べたものとしては、松浦友久氏「言語時空における〝発音の可変性〟と〝リズムの普遍性〟――古典と現代をつなぐもの――」『リズムの美学』（一九九一年　明治書院）に詳しい。

（5）小論「漢詩音読の可能性」『漢文教室　第一八三号』（一九九七年五月　大修館書店）において、漢詩の「日本漢字音」による音読の妥当性と可能性を述べている。

（6）注4　松浦所掲論文においては「リズム」の概念を狭義のものと捉え、発音の高低や強弱や長短などを含まない〝音数律〟（節奏性）の要素と規定している。ここでの「リズム」の意味もこれに従う。

（7）松浦友久『リズムの美学』（一九九一年　明治書院）序論（一）―（二）「日中比較リズム論の客観的基盤」によれば、「韻律性の三要素」とは①音数律（句型・句数）②押韻律（押韻）③音調律（平仄）であるとされる。

（8）「音読」の実践が、高度で専門的なものではないことは、安達忠夫『素読のすすめ』（一九八六年　講談社現代新書）に、より低年齢の子供たちに「訓読」よりも「音読」が好評であったという実践例が紹介されている。また、安達氏はこの実践例の延長上で、「音読と脳のかかわりを科学的に裏づける」という課題を川島隆太氏との共著『脳と音読』（二〇〇四年、講談社現代新書）にまとめている。

第六章　中古物語・日記を「声で思考する」実践構想
――物語・日記の享受と表現学習――

一、中古文学を「読む」ためには

中古文学を「読む」ということは、どのような手段・方法があり得るだろうか。単純にそんな疑問を抱いてみる。特に高校段階の古典教材を考えたときに、中古文学の比率はかなり大きいといえるだろう。その教材を読むための授業は、多くが文法を中心にした解釈作業の繰り返しであり、いわば「精読」のための「精読」ともいえるような授業実践が多いのも事実である。その反面、教材を「音読・朗読」する行為は、あまり重視されない。たとえ行われたとしても、その設定が曖昧であったり、目的が明確でなかったりする場合が大半であろう。

抑も、中古物語・日記は、「音読」する要素を、その作品として含有しており、「物を語る」という前提で、解釈・享受するというのが基本であるといってよい。しかしながら、学校教育の中では前述のように、むしろ知識としての享受が先行している。「朗読」という観点からすれば、俳優による舞台やラジオでの朗読が知られ、仮に教育現場で音声教材で聴く機会があったとしても、単に聴くための教材と見なされ、学習者が自ら読もうという方向にはなかなかならないのが実情であろう。

本章では、このような「中古物語・日記教材」を扱う授業に於いて、教材をどのように設定し、どのような方法で「音読・朗読」することにその意義が見いだせるかを考え、その実践的な教材設定の具体的な一例を提示し、朗読することとの意義を理論と実践の両面から考察したいと思う。

二、享受としての「音読」

中古文学において、「物語」が享受される過程や、「和歌」を披講するのは、「音読」であることが前提であったと考えられる。その「音読」を聴くことにより内容を受け止め、解釈・鑑賞され、更なる享受という流れになっていたはずであろう。それは、中古文学を代表する『源氏物語』を中心として「語り」に注目した論として先学により様々に論じられてきた。ここでは、「享受」＝「音読」が「国語教育」に結びつくという観点から、その前提として「物語」と「和歌」享受のあり方について言及しておきたい。

中古物語の「語り」のあり方を追究することで、『源氏物語』の本質に迫ろうとする研究方法は、昨今では緻密詳細に行われているが、その嚆矢ともいえる論が、玉上琢弥のいわゆる「物語音読論」(1)である。玉上氏の論は、「音読」と「絵」により享受していく権門の姫君が物語の真の読者であり、物語享受の基本的なあり方であるとするものである。これに対して中野幸一氏が一連の批判(2)を展開した。中野氏は、玉上氏が「物語音読論」で述べた、「権門の姫君」による享受が物語の本当のたしなみ方であるという点について、「じつは姫君が鑑賞しやすいように、もとの物語を作りかえたもので、真の物語享受とはいい難く、いわばダイジェスト版による二次的な享受である。」としている。また、「権門の姫君に与えられる物語は、教育的・倫理的見地から選ばれることが多く、このような規制を受ける姫君の享受態度も受動的であって、多くの物語を享受し、流行をになう主体とはなりえない。」ともした上で、「物語の真の読者は、宮仕えの女房・

殿上人や受領の北の方というような多忙な中流女性であった。」としている。したがって、「物語の音読は、人まかせな貴人や、文字のよめない子供に対して行われた、便宜的で安易な方式である。」とした。

このような論を更に展開・修正し、中野氏は「古代物語の享受と方法」（注2所掲書第七章）において物語享受の形式を、次の五点に分類している。

（1）他人に読ませて、それを聴きながら、自身は絵を見ているという形。
（2）他人に読ませ、それを聴いているという形。
（3）他人がそらで物語るのを聴くという形。
（4）自分自身が直接目で読むという形。
（5）自分自身が直接書き写すという形。

中野氏は、この（1）（2）（3）を間接的享受形式とし子供や上流貴人を対象とするもので、（4）（5）を直接的享受形式とし女房階級や受領層を対象としたものであるとする。中野氏の論は、さらに享受の実態など詳細に及び、二十余の享受形態を想定し、その三分の二が二次的享受であることや、物語流行のエネルギーとして、二次的享受の盛行を見落としてはならないことに言及する。こうした一連の中野氏の諸論で、「朗読」に関連させて論及しておくべきは、間接・直接の分類をした享受形式は、観点を変えれば「音読」か「黙読」かという分類に対応しているということである。勿論、「音読」の場合でも、「物語全篇の鑑賞・音読」という実態においては、「二次的」享受の度合と認められているが、前述した「物語流行のエネルギー」という点も併せ考えるに、「音読」による享受形式の重要性を見逃すことはできない。また、「絵」を伴うか否かや、文章が「解説文」かどうか、「伝聞した物語」を記憶語りする形式など、様々な享受の実態が想定されていることは、現代における享受がいかに単一指向であるかを反省させられる。

玉上氏の「物語音読論」に始まり、その批判の上に様々な享受と読者の問題を精査し想定した中野氏の論は、中古物語研究の進展に大きく寄与したばかりでなく、国語教育的な観点から再検討することで、様々な授業方法論に結びつけられる可能性が大きいと考えられる。

一方、和歌の場合はどうであろうか。多くの物語には和歌を含むのが一般的であるから、「音読」という意味では同様に考えてもよいだろう。しかし、和歌に限定してみると漢詩文に対して行われていた「朗詠」に該当するものとして、「吟誦」する例が見られたようである。青柳隆志氏は『源氏物語』の次の例を引用し説明している。(3)

かひなくて、御供に声ある人して歌はせたまふ。

　朝ぼらけ霧立つ空のまよひにも行き過ぎがたき妹が門かな

と、二返りばかり歌ひたるに、(「若紫」)

このように声を上げて高らかに歌う場合があったようだ。また、青柳氏の調査に拠れば、『源氏物語』には、詩文・和歌双方の吟誦の例が見られるが、興味深いことに、その吟誦をあらわす動詞を見ていると、例えば「誦(ずう)ず」という動詞は、詩の場合には用いられるが、和歌の場合にはすべて「うち誦(ずう)ず」という形になることがわかる。」とする。このことから氏は、『源氏物語』の当時にも、重々しい詩文の吟誦に対して、和歌はより軽度な形で、口ずさみのように吟誦されていたことが窺われる。」としている。

また、先述した青柳氏の『源氏物語』において詩歌の吟誦に相当する動詞で、「ひとりごつ」や「口ずさぶ」は和歌に対して多く使用され、詩歌に比べて、より日常的なものであることも看取できそうである。こうした和歌を吟誦する行為は、主に「披講」という形式で今に伝えられていることも、前述青柳氏の研究に詳しい。こうした点から、やはり「音読」という観点から享受するということが、基本的なあり方だといえるのではないだろうか。

物語と和歌において、「音読」という観点から文学研究で考究されてきた「享受」の問題と関連させ、その意義への問題意識を喚起してみた。国語教育がいかに文字による一面的な享受方法のみで実践されてきたかということを省みるとともに、古典学習の本質的な意味を、「音読」という観点から問い直すべきだと考えられる。

三、中古文学の複合的教材設定

それでは、実際の教材設定方法について考えてみることにしよう。通常、中学高校で中古物語・日記を扱う場合、教科書掲載による単一教材に関して朗読するのが一般的だが、ここではテーマに沿った複合的な教材の組み合わせという方法を考えてみたい。それは、学習の様々な段階を経た後に、発表する朗読としての表現効果を考慮するということと、中古物語・日記の持つ教材価値を十分に活かし、その魅力を広く学習者に訴える為でもある。

では、複合的に教材を組み合わせるにあたり、何を基準にしたらよいであろうか。中古物語・日記の複数の作品を関連づけるものとして妥当なのは「季節」ということになろう。それは中古文学、とりわけ仮名文学の始発期にあたり、初の勅撰和歌集『古今集』により、その個々の和歌を配列することで、中央集権的な政治体制として自然を統御すべく「季節の推移」が提示され、その後の規範となったことを考えれば、容易に理解されるであろう。この規範的な「季節の推移」は、その後の物語・日記に大きな影響を及ぼし、単なる場面設定の基準というよりは、「恋」の歌に典型的に見られるように、人事の様々な局面が持つ意義に通底しているものであるということができよう。これは規範となる『古今集』の個々の和歌自体が、季節の和歌でありながら恋の心情を表現するものが非常に多いことや、「恋」の部立に配列されている和歌でも多くが季節観からかけ離れることができないことからも窺える。

それでは、具体的に朗読をする際に表現効果が高く、季節の推移を基準にした物語・日記の朗読教材を提示してみよう。最初に四季それぞれを表題的に述べる教材として『枕草子』。春秋においては、季節と人事の交差が絶妙になされている『源氏物語』。夏冬に関しては、冒頭に独特な夏の季節観から語り起こす『和泉式部日記』と、いわゆる「春秋優劣論」が展開する場面を持つ『更級日記』という設定にする。個々の教材価値については、それぞれ後に詳述することとして、まずは朗読教材として配列再構成し提示してみることにしよう。

【読み手の配役】

『枕草子』＝（A）（B）
『源氏物語』（若紫）＝（C）（D）
『和泉式部日記』＝（D）（E）（F）
『源氏物語』＝（G）（A）
『更級日記』＝（H）

「季節を織りなす日記」

《春》

○『枕草子』

(A) 春はあけぼの。(C)(D)(E)(F)(G)(H) 春はあけぼの。(B) やうやうしろくなりゆく山ぎはすこしあかりて、むらさきだちたる雲のほそくたなびきたる。

○『源氏物語』(若紫)

(C) 日も、いと長きに、つれづれなれば、夕暮のいたう霞みたるに紛れて、かの小柴垣のもとにたち出で給ふ。人々は、かへし給ひて、惟光の朝臣と、のぞき給へば、ただ、この西おもてにしも、持仏すゑたてまつりて行ふ尼なりけり。

簾垂すこしあげて、花たてまつるめり。中の柱に寄りゐて、脇息のうへに経をおきて、いとなやましげに読みゐたる尼君、ただ人と見えず。

四十余ばかりにて、いと白うあてに痩せたれど、つらつきふくらかに、まみのほど、髪の美しげにそがれたる末も、中々長きよりもこよなういまめかしきものかな、とあはれに見給ふ。

清げなる大人二人ばかり、さては童べぞいでいり遊ぶ。中に、十ばかりにやあらむと見えて、白き衣、山吹などのなれたる着て、走りきたる女子、あまた見えつる子どもに似るべうもあらず、いみじくおひさき見えて美しげなるかたちなり。

髪は、扇をひろげたるやうにゆらゆらとして、顔はいと赤くすりなして立てり。

「何事ぞや。童べと、はらだち給へるか」

とて、尼君の見上げたるに、すこしおぼえたる所あれば、子なめりと見給ふ。

(D)「雀の子を犬君が逃がしつる、伏篭の中に篭めたりつるものを」(C)とて、いと口惜しと思へり。

《夏》

○『枕草子』

(A)夏は夜。月の頃はさらなり、やみもなほ、ほたるの多く飛びちがひたる。また、ただひとつふたつなど、ほのかにうちひかりて行くもをかし。雨など降るもをかし。

○『和泉式部日記』

(D)夢よりもはかなき世のなかを嘆きわびつつ明かし暮すほどに、四月十余日にもなりぬれば、木のした暗がりもてゆく。

築土のうへの草あをやかなるも、人はことに目もとゞめぬを、あはれとながむるほどに、近き透垣のもとに人のけはひすれば、誰ならむとおもふほどに、故宮にさぶらひし小舎人童なりけり。

あはれにもののおぼゆるほどに来たれば、

(E)「などか久しく見えざりつる。遠ざかる昔のなごりにもおもふを」

(D)など言はすれば、

(F)「そのこととさぶらはでは馴れ馴れしきさまにやとつつましう候ふうちに、日ごろは山寺にまかり歩きてなん、いとたよりなくつれづれに思ひたまうらるれば、御かはりにも見たてまつらんとてなむ帥宮に参りてさぶらふ」

(D) とかたる。
(E) 「いとよきことにこそあなれ。その宮はいとあてにけけしうおはしますなるは。昔のやうにはえしもあらじ」
(D) など言へば、
(E) 「しかおはしませどいとけ近くおはしまして、「つねに参るや」と問はせおはしまして、「参り侍り」と申し候ひつれば、「これもて参りて、いかが見給ふとて奉まつらせよ」とのたまはせつる」(D) とて橘の花を取り出でたれば、
(E) 「昔の人の」(D) と言はれて。
(F) 「さらば参りなむ。いかゞ聞えさすべき」
(D) と言へば、ことばにて聞えさせむもかたはらいたくて、
(E) 「なにかは、あだあだしくもまだ聞え給はぬを、はかなきことをもと思ひて
かほる香によそふるよりはほとゝぎす聞かばやおなじ声やしたると
(D) と聞えさせたり。

《秋》
○『枕草子』

(B) 秋は夕暮。夕日のさして山の端いと近うなりたるに、からすのねどころへ行くとて、みつよつ、ふたつみつなどとびいそぐさへあはれなり。まいて雁などのつらねたるが、いと小さく見ゆるはいとをかし。日入りはてて、風の音、虫の音など、はたいふべきにあらず。

○『源氏物語』(須磨)

(G) 須磨には、いとど心づくしの秋風に、海はすこしとほけれど、行平の中納言の、「関ふき越ゆる」と言ひけん浦波、夜々はげにいと近く聞えて、またなくあはれなるものはかかる所の秋なりけり。

御前に、いと人少なにて、うちやすみわたれるに、ひとり目をさまして、枕をそばだてて四方の嵐を聞き給ふに、波ただここもとに立ちくる心地して、涙おつともおぼえぬに枕うくばかりになりにけり。

琴を、すこし掻き鳴らし給へるが、われながらいとすごう聞ゆれば、ひきさし給ひて、

(A) 恋ひわびてなく音にまがふ浦浪はおもふかたより風や吹くらん

(G) とうたひ給へるに人々おどろきて、めでたうおぼゆるに忍ばれで、あいなう起きゐつつ、鼻を忍びやかにかみわたす。

《冬》

○『枕草子』

（A）冬はつとめて。雪の降りたるはいふべきにもあらず、霜のいと白きも、またさらでもいと寒きに、火などいそぎおこして、炭もてわたるも、いとつきづきし。昼になりて、ぬるくゆるびもていけば、火桶の火も、白き灰がちになりてわろし。

○『更級日記』

（H）冬の夜の月は、昔よりすさまじきもののためしにひかれて侍りけるに、又いと寒くなどしてことに見られざりしを、斎宮の御もぎの勅使にて下りしに、暁に上らむとて、日ごろ降り積みたる雪に月のいとあかきに、旅の空とさへ思へば心細く覚ゆるに、まかり申しにまいりたれば、よの所にも似ず、思ひなしさへけ恐ろしきに、さべき所に召して、円融院の御世よりまいりたりける人の、いといみじく神さび、古めいたるけはひの、いと由深く、昔の古事どもいひ出で、うち泣きなどして、よう調べたるびわの御ことをさし出でられたりしは、この世の事とも覚えず、夜の明けなむもおしう、京のことも思ひ絶えぬばかり覚え侍りしよりなむ、冬の夜の雪降れる夜は思ひしられて、火桶などを抱きても、必ず出でゐてなむ見られ侍る。

『枕草子』初段は、文学史的な観点から見ると、それまで『古今集』により規範的となっていた和歌的美意識に見られない季節観を、新たな視点から再構成したものということができよう。再構成の基盤になったのは白居易の詩文であり、上野理氏により「早春憶蘇州寄夢得」の一節「呉苑四時風景好　就中偏好是春天　霞光曙後殷於火　水色晴来嫩似煙（呉苑は四時風景好し　中ん就く偏に好きは是れ春天　霞光は曙けて後火より殷し　水色は晴れ来りて煙よりも嫩し」等の影響下にあることが指摘[4]されている。これを承け新間一美氏は[5]、「秋は夕暮」について、『和漢朗詠集』にも転結句が摘句されている「暮立」の「黄昏独立仏堂前　満地槐花満樹蝉　大抵四時心総苦　就中腸断是秋天（黄昏独り立つ仏堂の前　地に満つ槐花樹に満つ蝉　大抵四時は心総て苦し　中ん就く腸の断ゆるは是れ秋天」を指摘し、前者の上野氏指摘の頷聯と「暮立」の転結句が『千載佳句』に収められていることを併せ考えると、「春の（あけぼのの）天」と「秋の（夕暮の）天」が四時の「興」がある場面であるとする。これらの指摘のように、それまでの和歌的美意識を白居易の詩文により刷新し、新たな季節観を提示したのが『枕草子』であるといえよう。

　また、散文としては特徴的な断片的な文体により、余白にこそ美意識が潜んでいることを感じさせ、余韻をどのように表現していくかという点に、「音読」する妙がある教材ということができる。こうした基盤と特徴を持ちながら、四季それぞれの美意識を凝縮した内容は、中古文学を考える意味で指標となるものといえよう。

　次に、「春秋」の物語教材は、『源氏物語』の名場面で構成することにする。まず春は「若紫」の帖から、源氏が若紫を垣間見し発見する場面である。熱病を気にする源氏が、気分転換のために遠望を勧められ、北山から京の遠望や西国明石の風景などを見るとともに、「垣間見」に熱中することになる。そこで「若紫」という少女を発見することになるが、この場面は、三田村雅子氏によれば、「光源氏がかかえていた問題の、過去・未来・現在を明らかにするもの」であり、眺めの良い場所からの「見る」行為は、「物語の骨格を遠望するために設けられたものであった。[6]」としている。物語のその後において、大きな存在である「若紫」の発見が、「春」に前述のような含みを以て行われることは、人事と季節観という視座に於いても重要な意味合いを持つ。

　次に秋は、「須磨」の帖で源氏が都を思い、涙に暮れる場面である。在原行平の和歌を引用し都から離れた秋の寂しい佇まいを描写した文章は、古来から名文として評価が高い。物語全体の構成から見ても、「桐壺」や「若紫」の帖における伏線により仕組まれ構想された光源氏の流謫であり、「貴種流離譚」という古代物語の枠組みであるという指摘がなされてきた。(7) こうした点から考えると、前述した「若紫」の帖における「垣間見」場面と「春秋」という季節観はもとより、光源氏の運命の方向性が語られた場面として対にして鑑賞するという意味は重要である。季節観を重視したこの朗読教材の組み合わせは、「春曙」の始発性と「秋暮」の停滞性をそれぞれ象徴した内容により、「自然」と「人事」の組み合わせが具現する教材となる。

夏の部に取り合わせたのは、『和泉式部日記』冒頭部分である。夏の草木が成長し繁茂する季節観に主人公たる女の悲嘆や追懐を対照させる構成は、やはり「自然」と「人事」という意味で普遍的といえるだろう。その後、「故宮」に仕えていた「小舎人童」が登場し、現在は「帥宮」に仕えているということを知るやり取りに及ぶに至り、亡き「故宮」の死を追慕する女が、その後、弟宮との新たな恋へと移行していく熱い予感を思い抱く。従来から多く指摘されている問題は、このテキストが「日記」か「物語」かという点である。研究史のなかで一定の方向性は得られながらも、常に結論が得られないテーマである。それだけに、こうした教材化の中でも春秋に配した『源氏物語』との対比などから、中古文学教材の特異性を看取する視座を獲得することになるのではないだろうか。

冬に配した『更級日記』は、孝標女が宮中に出仕した際に得た体験で、源資通との趣ある「春秋優劣論」を展開した場面であり、資通が「冬の月」の美しさを主張した部分ということになる。教材とした部分にはないが、孝標女と資通との最初の出会いは時雨降る初冬の不断経の夜で、他の女房と話している折に資通が登場する。予想だにせず話題が「春秋優劣論」に及び、他の女房が秋が優ることを主張するのに対し、同じ答えではいかなるものかと思い、孝標女は春を主張するという場面である。こうした状況の中、資通は伊勢の斎宮との思い出とともに「冬の美」を語ることで、季節の優劣は一概には定めがたく、人の心の諸相により個々の見方が生じることを説くのである。季節観を基軸に配してきた朗読教材として、春秋優劣論が多く語られてきた古典作品の中で、このような「冬の美」の提示や、季節観賞の普遍化への言及は、教材自体が季節を基軸にした意義を語り出すようであり、一定のまとまりをみることができる。

以上、朗読教材の設定とその理由について、主としてその教材部分の研究史や解釈の方法に言及しながら述べた。

四、音読の意義と実践方法

「音読」することの意義が、「意味を理解する」ためであることは、本書冒頭より一貫して述べてきたことである。「黙読による精読」という方法が学校における学習機会の中であまりにも肥大したため、「音読」の意義が薄れてきたのである。それは、「音読」を単純に勧める発言や書物に対して世間が敏感にも甚だしい動きを見せたことからも逆説的に明らかであろう。世間であまり日の目を見なかった「音読」を賞賛する理由として「爽快感」といった感情的なものが挙げられることがよくある。「音読をすると爽快感が残る。」といった類の発言である。しかし、「音読」は「爽快感」の為に存在するというのでは、あまりにも各人の主観に委ねた存在理由ということになろう。

「音読」の意義は、「意味の理解」から始まり「解釈」という作業に進展することが、古典教育の中で行われるべきで、「音読」することから、最終的にはテキストを自己のものとして消化し、他者へ表現していく作業過程が必要なのではないかと考えている。これが「音読」を「朗読」へ昇華させるもので、この点にこそ古典学習の重要な要素と方法が潜んでいると考えるのである。「音読」から「朗読」は、換言すれば「理解」から「表現」へということである。仮に古典作品を「黙読による文法事項を駆使した精読」により、現代語訳に置換できたとする。果たしてこれで古典学習の達成といえるのであろうか。学習者は作品内容を知識として受け取るだけでなく、咀嚼し消化し表現することで始めて「腑に落ちた」作品解釈に到達し、より深い鑑賞を施すことも可能になるであろう。こうした観点から、古典学習を表現学習の一環と位置づけ、より主体的能動的な学習活動を模索するべきである。

第二節の「享受としての「音読」」で述べた、中古における享受の実態では、中野幸一氏により様々な想定がなされていたが、現行の学校における古典学習においては、中野氏のいう「一次的享受」に該当する段階の内容は不可能といわざるを得ない。教材がテキストの全篇に及ぶことは稀であるし、記憶し書写し伝えるという文筆的な活動からも、現在の学習者は程遠い生活・学習状態である。ならば、「一次的享受」のような本格的な物語享受を行おうとすること自体が、むしろ古典学習への嫌悪感を増幅させることで、古典学習を頽廃させる原因になりかねない。

それならば、かえって割り切った「二次的享受」に即した古典学習機会を増やすべきではないだろうか。事実、中野氏の中古における「享受の実態」の想定においても、物語の盛行に「二次的享受」の存在は意外に大きかった、という結論が提示されている。絵画の利用や物語の抄出・改編などの手段を講じて、中古物語・日記を手軽に解釈・鑑賞する方法の導入が急務であろう。その一例が第三節で提示した、朗読用に複数の作品を配置した教材である。それぞれの研究成果や解釈の方向性は前項で示したとおりだが、ここで実際に朗読を実践した際の留意点を項目別に述べておくことにする。

①アクセントや発音の問題

「朗読と方言」という点においては、様々な問題を含むが、ここでは特にアクセントの問題に直面するこることを挙げておこう。特に「文章の余白」を味わう『枕草子』においては、ことばの余韻に大きく影響を与えるようだ。国語学的に詳細な考察を加えるべきであるとも思うが、実践をもとに印象で語ることが許されるならば、「春はあけぼの」は、関西アクセントで朗読することで、その文体的な特徴が表現されるのではないかと思われる。

②語りの視点と配役

物語の「語り手」は様々な諸相をみせ、物語研究において多くの成果がある分野である。学習者の理解度にも依るが、語り手の立場になり、どのように他者に伝達しようとしているかを、自ら体感する行為は、物語・日記の理解に大きく寄与するといえるであろう。また、登場人物の発話や描写された動作を、どれだけ朗読に取り入れるかも重要な問題である。「若紫」の朗読教材に見られた場面では、垣間見をする光源氏とその視線の先に描写される幼い若紫の姿がある。藤壺の面影があることにより源氏の視線は、実に詳細に少女の姿態を描写する。装束の色や中古における女性の美の象徴である髪の毛に至る描写を、実際にどれだけ実感を以て朗読するかという意味で、その表現方法の深層には実に多種多様な方法の開発が存在すると思われる。

③小道具の使用

物語絵や情景を描写した写真などの使用は、朗読表現をより華やかに彩ることになる。実際に江戸時代の奈良絵本（複製本）などの該当場面を使用したり、源氏物語絵巻（複製図版）を使用するなど、芸術的な享受史にも目を向けることができるだろう。また小道具として、扇や装束の使用なども可能な範囲で工夫をすれば、立体的な朗読表現を可能にする。特に扇の使用は中古文学には不可欠であり、文（ふみ）や和歌の贈答場面では効果的である。

五、咀嚼し表現する古典学習

中古物語・日記を朗読することで、国語教育上どのような意義が考えられるかを探ってきた。従来、古典学習で「朗読」教材としやすいものとしては、和漢混淆文の『平家物語』や漢詩などの漢文訓読体が多く提案され、それは、その訓読の音律性が朗読する側も聴く側にも一定の強い印象を共有するという、文体上の特徴が活かされた結果である。また軍記物語であれば、登場人物の動きや場面展開の迅速性により、劇的な朗読が可能であり、演出の上での取り組みやすさという点でも朗読向きであるといえよう。もとより『平家物語』に関していえば、琵琶法師の語りにより伝承してきた言語芸術であるがゆえに、声で享受することなくしては作品の深層を理解することは不可能であったはずだ。（この点は、第七章に詳述）

こうした和漢混淆文に比べ、中古物語・日記は、朗読教材にするには難点が多いように受け止められてきた。解釈上の問題も含み、聴くだけでは内容理解には及ばないという点も、学習者には大きな障壁となるであろう。ゆえに冒頭でも述べたように、舞台俳優などの専門の朗読家の手にのみ委ねられる結果となってきた。しかし、『平家』が琵琶法師の語りによる伝承・享受を繰り返してきたのと同じ理由で、中古物語・日記は、「一次的」「二次的」の差異があるとはいえ、「音読」による享受が繰り返されることにより、その命脈を保ち得てきたともいえるだろう。ゆえに、「音読」から「朗読」という、「理解」から「表現」という過程を経て、学習者が物語・日記を咀嚼する活動が求められると考えている。

勿論、朗読教材として提示した『枕草子』を除いては、第三節で詳述したような深い作品知識に基づく理解が必要で、中学生段階では適切な教材ではないということにもなろうが、高等学校以上で作品理解を深く及ばせるという意味においても、表現活動としての「朗読」を行う意義は深いといえよう。

古典教育の存在理由を、社会全体が様々な意味で失いかけている中で、自己の中で古典を咀嚼するには、受け身に終始した学習のみでは実現できず、学習者が「主体的な表現」を目指そうとする学習活動が、中学・高校・大学を通じてぜひとも必要であると思われる。

注

（1）玉上琢弥「物語音読論序説」（『国語国文』一九五〇年十二月、『源氏物語評釈』別巻一『源氏物語研究』一九六六年三月所収）

（2）中野幸一氏（『物語文学論攷』一九七一年　教育出版センター　Ⅱ「源氏物語とその周辺」「五　古代物語の読者の問題――物語音読論批判――」を始めとする諸論）

（3）『和歌を歌う　歌会始と和歌披講』（二〇〇五年　笠間書院）所収「三　朗詠と披講について」

（4）上野理「「春曙」考」（『文芸と批評』二巻八号　一九六八年四月）

（5）新間一美「白居易と平安女流文学――春はあけぼの――」（『新釈漢文体系　季報Ｎｏ一〇五』二〇〇七年七月　明治書院）

（6）三田村雅子『源氏物語』（一九九七年　筑摩新書）

（7）阿部秋夫「須磨・明石の源氏」（『源氏物語研究序説』一九五九年　東京大学出版会）

第七章　『平家物語』群読の理論と実践構想
――解釈から表現を意図した語りの体感――

一、古典教材としての『平家物語』

中学校・高等学校を通じた古典教材としての『平家物語』が、安定教材であることに異論はないであろう。とりわけ中学校段階では「敦盛の最期」、高校段階では「木曾の最期」や「能登殿の最期」などの合戦における武人の最期を描写した教材が掲載される教科書は多い。こうした内容の章段を、教材論として古典教育の中でどのように位置づけ、また、教材の特徴を配慮した授業展開をするかということは、現在新たに問い直されている。(1)

教材論としての意義や解釈のあり方は、勿論様々な視座が可能であろうが、これを学校現場で授業展開する際に、その音声化を意識することが、これまでも多く実践されてきた。特に、個人による朗読ではなく、グループを構成しての朗読である「群読」は、『平家物語』の授業に盛んに導入される方法である。本章では、なぜ教材としての『平家物語』（とりわけ合戦場面を含む武人の最期）を朗読するのかという疑問を出発点として、朗読方法として「群読」を授業で行う意義を考え、表現を意図して実施した際の評価の問題に至るまでを理論的に考えてみたいと思う。

二、音読・朗読・群読教材としての『平家物語』

古典教材としての『平家物語』を音声化するにあたり、その前提として、「音読」「朗読」「群読」という方法を具体的に定義づけておきたい。本書では既に第一章で、「音読・朗読・暗誦の定義と実践構想」という観点から、授業実践における基本的な考え方をまとめている。くり返しになるが、ここで改めてその要点を確認しておきたい。

「音読」＝理解のための音声化行為
「朗読」＝理解をふまえた伝えるための表現行為
「暗誦」＝理解が定着し反芻が可能な身体行為

これはいずれも「理解」することが、それぞれの音声化行為の目的であり、根幹であり、結果であるという立場を採っている。「理解」とは古典教材を対象とした、より主体的な「解釈」作業である。本章では、この段階的な三通りの音声化に加えて、「群読」という方法を理論化しようとするものである。「群読」の「群」とは、学習の場において主体的な個人が集合体となり、一定のグループを構成することに他ならない。したがって、その個人の集合体が、各個人の「理解」＝「解釈」を融合し、表現していくのが、「群読」という音声化の基本的な意味である。

前述した「音読・朗読・暗誦」を、段階的な音声言語学習と位置づけるならば、「群読」はこの各段階をふまえて構成された複合的な表現行為であるといってよい。「群読」という言語的イメージからして、誤解を招く場合があり得るので付言しておくが、「群読」とは、集団で統一的に呼吸と声をそろえて一糸乱れずに読み通す、いわゆる現場でいうところの「一斉読み」とは、明確に区別されなければならないはずである。あくまで、「理解」＝「解釈」が前提となる主体的な表現行為である。

では、なぜ古典教材としての『平家物語』を、表現行為を目的として音声化するのであろうか。まずは、教材論的な視点からこの点について考えてみたい。

古典教材にも、テクストとしての性質によって、様々な時代やジャンルのものがあるが、とりわけ『平家物語』は、音声化に適しているといえよう。それは、古典教材として『平家物語』が本質的に含有する、「語り」としての要素からである。ここではこのテクストとしての特徴を明確に述べた(2)、兵藤裕己氏の論を提示しておきたい。

琵琶法師の語りの声をとおして、「平家」の昔が今に呼び起こされる。鎮まらざるモノたちの語りをとおして、今という時空の制度性が相対化されていく。

そして原作本の成立から百数十年をへて、「平家」語りの最初のテクスト（正本）として覚一本が成立する。今日一般に読まれている平家物語の祖本である。平家物語を読み解く作業は、そのまま語りのテクスト生成の時間を遡行する作業である。それは、物語テクストに媒介されて、私たちの日常性のあやうい構造を読みとく作業でもある。（傍線部・筆者）

まさに、古典テクストを（聞く者の）今に呼び起こすのが、「琵琶法師の語りの声」であり、今日、一般的に読まれているテクストの祖本が、語りを元に成立しているというわけである。そのテクストの生成時点において、音声が中心的な要素として介在していたわけである。

したがって、『平家物語』という古典教材を、「理解」＝「解釈」するにあたり、方法として「音読・朗読・群読」を行うことは、「テクスト生成の時間を遡行する作業」であるといえよう。

次に、教室ではなく劇場において、早い時期から『平家物語』を群読実演していた[3]木下順二氏の捉え方も傾聴に値する。

いわゆる〝語り物〟の文学を活字の世界に閉じこめておいてはならない。とはいうものの声に出して読むともなると、多くの困難を伴うが、困難に立ち向いそれを克服することが、そのまま時間を越えて古典を体感することになるだろう。

（中略）

（『平家物語』の朗読法を研究するうち、筆者注）その文体が持っているところの、時に猛々しいまでに力強く、時に嫋々として幽かなまでに美しい言葉のうねりを表わすには、ある時は複雑で、ある時はソロで朗誦するという方法を自在に駆使するのが適当なのではあるまいかと考え出した。

木下氏の考え方も、『平家物語』の〝語り物〟としての要素を重視し、その文体を体感し表現するには、声に出すことが重要であるとしている。やはり、古典教材としての『平家物語』を扱う際には、文字のみならず、「声」によって理解し表現してゆく方向性を持つべきであろう。

しかしながら、このような教材の一面のみを捉えて、全面的に「朗読・群読」をすべきものとして推し進めるのは、早計に過ぎるといえよう。本章第一節で述べたように、教材論として古典教育の中での位置づけも考慮しなければなるまい。とりわけ、『平家物語』の合戦の場面を扱うならばなおさらである。ここでは、合戦場面が比較的、教科書において安定教材として採録されていることが多いことも念頭に置き、今日的な教材価値として示唆的な大津雄一氏の論にも触れなければならないだろう。[4]

「木曾最期」が、遍在する〈一所の死の物語〉つまりは〈融合的愛の物語〉であるのと同様に、それをも含み込む「木曾義仲の物語」も、それが他よりどんなに美しかろうと、基本的には遍在する〈王権への反逆者の物語〉の反復であるに過ぎない。

（中略）

木曾義仲を、時代を変革する英雄と無自覚に認めたとき、人は〈王権への反逆者の物語〉＝〈王権の絶対性の物語〉に《教育》され《ガス抜き》されることになり、他に向かって、義仲を英雄と賞賛し、義仲への愛を共有せよと強いたとき、人はこの〈物語〉に、本人の意志とは無関係に、貢献することになる。

「木曾義仲の物語」は、美しいが危険である。今、なすべきことは、美しさを共有することではなく、その危険さについて語ることである。それは、むろん、『平家物語』を貶めるためではない。この、テクストを消費するのではなく生産的に活用するためである。人とは、どのように世界を了解してしまうものなのか、そしてそれが決して自然なものでなく、共同体の《教育》の結果に過ぎないと知るのは、必要なことである。

大津氏は、このような教材論の立場に基づいて、更に朗読・群読に対しても、次のような意見を提示して[5]

いる。

繰り返し述べて来たように、声を出すことの楽しさを体験させ、声を出す力を養うことが大切だということにまったく異論はない。群読はそのための一つの有効な方法である。あるいは群読の過程で、集団的訓練を経験することも、社会を生きてゆく上に必要なことであるとは思う。朗読・群読のための準備作業が作品世界のより深い理解の一助になることについても認める。

しかし、そこに、統御への欲望や本質との邂逅という無根拠な確信がまとわりついているとしたら、それは危険である。そして、その対象が『平家物語』というイデオロギッシュで危うい存在であったとしたら、なおさらである。『平家物語』を群読や授業の教材として使うなと言っているのではない。また、平和教育の教材として使うべきだといっているのでもない。主人や所領のためなら死を恐れぬ潔く勇猛な武士がいたとして、まず、なぜ彼はそうなのかが論理的に説明されなければならないし、なぜ彼の物語が人々に好まれて来たかの理由が説明されなくてはならないはずなのだ。むろんそれは否定的な文脈においてにならざるをえない。しかし、現在の教科書出版社の指導書や多くの実践報告を見る限り、『平家物語』は、相も変わらず歴史の変革期を生きた人間の典型的な姿を無常観とともに歌い上げた叙事詩的作品なのである。

その危うさに無頓着に、『平家物語』を、劇場ではなく、読まない自由、聞かない自由が存在しない教室で群読させるというのは、私には受け入れがたいのである。実行するならば、よほどの準備と注意深い指導が必要なはずなのだ。

群読は確かにすぐれた教育的効果を持つが危うい。『平家物語』も美しい物語だが危うい。その危うさを常に自覚し排除する理論と実践が必要である。

大津氏の考えは、朗読・群読を全面的に否定するわけではない。ただし、意識として「本質との邂逅という無根拠な確信」「一体化への訓練」「感動の強要」といった点が危険だと警鐘を鳴らしているのである。また、「劇場ではなく、読まない自由、聞かない自由の存在しない教室」での群読を受け入れがたいとしている。

しかし、本章で提示している群読のあり方は、大津氏の懸念から乖離したものではない。その理由は、一つ目に、前述した「語りのテクスト」としての『平家』を、群読を唯一無二の方法として「本質との邂逅」と確信できるというものではなく、テクストの内容を各自の様々な思考の中で理解する一方法として位置づけているからである。二つ目に、あくまで群読することにより、学習者が主体的に教材を理解するのが目的であり、指導者による「一体化への訓練」や「感動の強要」を伴うものではないからである。三つ目に、群読を行うに際して教材に対しても批判的な眼を持ち、より創作的な群読を行うことにより、「読まない自由、聞かない自由の存在しない教室」でありながら、テクストの読みを押しつけることにはならないからである。又、群読グループの中で、脚本作りや効果音などの裏方を選択すれば、声に出して「読まない自由」も獲得できるはずである。いずれにしても、群読が「理解」＝「解釈」を基本とした、より主体的な表現活動であるという前提の元に行われることが、大津氏のいう「よほどの準備と注意深い指導」の具現であると考えている。以下、さらに主体的な理解を伴う群読方法について詳細に述べていきたいと思う。

三、朗読方法としての「群読」における国語教育的意義

ここで改めて、「音読」「朗読」の国語教育的な意義について確認しておきたい。(6)『国語教育研究大辞典』の項目によれば次のように規定されている。

〈音読〉広義には、声を出して読むこと総てをいう。黙読に対する言葉である。また狭義には、表出や伝達を意識することなく（自分自身の理解のために）声に出して読むことをいう。朗読に対することばである。

〈朗読〉表出や伝達の意識をもって文章を音読すること。

これによれば、「音読」と「朗読」は、表出や伝達を意識するかしないかという点で、対照的であるとされている。しかも、「音読」は狭義には、「（自分自身の理解のために）声に出して読むことをいう」とされるわけだから、理解のための音声化といえよう。その理解を伴う音声化を表出や伝達を意識すれば「朗読」になるのである。したがって、「朗読」を集団の中で行い、各個人の理解を融合して表出・伝達することを「群読」と規定することができる。「群読」は「朗読」の一展開であるということがここで確認できたと思う。

では、更に「朗読」・「群読」の意義は具体的にどのように考えられているだろうか。前の『国語教育研究辞典』の項目執筆者である高橋俊三氏は、(7)次の七点を挙げている。

①子供たちが容易に作品世界にひたることができる。

②黙読で得るよりも原初的で根元的な感動が得られる。
③内容理解だけでなく、叙述表現に対する目も開かれる。
④日本語の持つ美しい響きを感じ取ることができる。
⑤人の言にじっと耳を傾ける、聞く姿勢ができる。
⑥教師と子どもが一体化し、一つの世界を共有することができる。
⑦感動のある授業、楽しい授業をつくることができる。

この七点のうち、①に見られる「容易に作品世界にひたる」や、②⑦に見られる「感動」、⑥に見られる「一体化」は、『平家物語』群読においては、事情を異にするといわざるを得ない。むろん、高橋氏は、対象とする生徒を幅広く想定しているようであるから、このような意義を提示しているのだろう。本章では、主として中学校・高等学校における古典教材の群読を考察するものであるから、高橋氏の提示する意義のうち、③④⑤は首肯することができよう。

加えて高橋氏は、前掲著書の中で「群読」の意義を三点ほど提示している。それは、「群読」をする生徒たちがお互いに教材解釈を紹介し、説得し合う「学び合い」。お互いがせめぎ合って読むことで他人から影響を受けて読み方が高まる「響き合い」。受動的ではなく、次の表現である自己の群読のために他の群読を聞いて新たな作品解釈の視点を発見する「聞き合い」である。この三点は、『平家物語』群読においては、高次に実現可能な意義であろうかと思われる。

いずれも、ただ無配慮に音声化するのではなく、主体的な作品解釈に基づいて「群読」するという前提があるからこそ、可能な意義である。国語教育の現場において、「群読」はグループへの埋没を意味するわけではなく、各個人がより主体的に作品解釈を行う契機であり過程であり結果である。いわば学びの連環を作り出す行為であるといってよい。

四、解釈から鑑賞へ「読み」が深まる授業の効用

これまで述べてきたことを前提にしながら、「群読」を行うための授業実践理論と効用について考えることにする。まず、「群読」を中心にした授業展開の典型的な流れを図示しておこう。

◎「群読」授業の流れ

▽単語・文法に注意しながら解釈に重点を置いた授業

↓

▽解釈の質問・確認

↓

▽群読グループ構成・脚本制作

↓

▽グループ協議（解釈した内容の確認作業を中心に）

↓

▽グループ練習（実際に声に出して読む）

↓

▽群読発表会

第一段階として、単語や文法に即して解釈の最低限の合意事項を確認する。この段階では、あくまで解釈

の基本線の確認であり、異動がありそうな部分に関しては、課題として残しておくことも有効である。質問などが提出された時には、諸説の異動を紹介することも可能だが、何らかの解釈を提示した時点で解釈の押しつけになる可能性があるので、なるべく群読協議の場に委ねるべきであろう。したがって、指導者は解釈の妥当性と異動箇所などを十分に把握しておく必要がある。

第二段階として、グループを構成し脚本を制作する。グループ作りは学校や学年・学級の実情に応じて様々な方法があるが、群読を中心に据えた授業展開をする上ではかなり重要であり、配慮を必要とすることである。人数も状況によるが、指導者側が規制する場合もあろうが、多くは学習者側の自由に任せるのが理想的である。敢えて人数的な範囲を提示するならば、三人から八人までの間が適切な人数といえるであろう。

さて、グループ構成の後は脚本制作に入るが、その際の留意点を箇条書きに示しておく。

◎群読脚本制作上の留意点

①文章内容の類別―地の文（描写・擬音語・擬態語・判断）・会話文・心中思惟

②内容場面による登場人物の心情（状況）把握

③読む速度・強弱などを検討する

④完了・推量・疑問・反語・命令などの文脈を考える

⑤独創的効果（小道具・効果音）

⑥各班の解釈に基づく主題設定

⑦脚本上（テクスト・読み）の改編

①では教材の文章内容を大きく地の文・会話文・心中思惟に分類する。もちろん教材に付されているカギ括弧などは、批判的に検討してみる態度も必要になる。更に地の文の中にも場面描写から擬音語・擬態語（『平家』の特徴でもあり合戦場面では頻出する）さらに語り手が判断を加えている部分などを分析する作業である。これは、単に単語・文法的な解釈では把握しきれない構造的解釈であり、脚本制作をするという目的があってこそ学習者の本文解釈意欲も高まるのである。

②では、まさに古典テクストの読者としての解釈が求められる。そして封建制社会の中で生きた武士の生き様を、現代的な視点から問い直すことになるであろう。例えば合戦における「武人の一所の死」などに類する場面を、無自覚に受け入れられるものだろうか。テクストが語りかけてくれる歴史的な古典世界に、批判的な捉え方を養う契機となるであろう。

③では、自己や他者が読む姿を客観的に捉え直す必要がある。そこから場面に即した読み方の速度・強弱を決定してゆく。脚本段階で想定したものと、現実に声にしたときの差を学習者が指摘し合い、群読練習の段階で様々に変化していく可能性がある。

④では、文法に基づいた解釈をどのように声として表現するかを考える。特に合戦場面では多くの会話文が見られるので、文法的解釈のみで終わらせることなく、解釈の必然性を問い直すことになるであろう。

⑤では、可能な限りの演出効果を考える。群読を発表する際に声以外の音源を使用したり、視覚に訴えるという補助的手段を検討する。これは、学習者自身の客観視を促す効果が期待できる。

⑥では、群読全体で何を表現しようとしたのかを、テーマとしてあらかじめ設定するのである。「（各場面の登場人物）が（どのような行為を）する物語」といった短い主題提示をあらかじめ求める。これは、適切な評価をする際に重要な基準になる。

⑦では、教材の文章を、各班の捉えた解釈に応じて改編する作業である。勿論、決定的な誤読による改作に及ぶ場合は問題も生じようが、第一段階で最低限の解釈の合意をしていれば、大筋を外すような改編は現れにくい。ことばの繰り返しや語り手（語り手に同化した読み手）の独創的意見を挿入したり、擬音語・擬態語の変化は改編しやすい要素である。この教材の改編という作業は、「語りのテクスト」である『平家物語』の成立段階に遡及するものといえそうである。そのような特徴に言及した兵藤裕己氏の論[8]を再び引用する。

「盛者」と「生者」の発音上の区別（清濁の違い）は、中世にあって今日よりはるかにあいまいで微妙である。琵琶法師の語るジョーシャヒッスイは、耳なれた「生者」の必滅として、すなわち生あるものすべてのほろびの理法として受容されたろう。冒頭の対句がそのように受容されれば、以下の文章も、そのような無常観の余韻とともに理解されてしまう。

文字テクストにしくまれた論理にたいして、一種の聴覚的とも言える印象は、しかしどちらが誤釈かという次元の問題ではないだろう。語り物的な印象にたいして、文脈に即した解釈というのは、享受・解釈するレベルの相違であって、むしろそのように重層的に享受されるところに、語りのテクストとしての平家物語はなりたっている。

このような脚本を作りながら、第三段階としてグループごとの群読練習に入る。勿論、基本構成を随時改作しながら各グループで提示したテーマに、より近い群読に仕上げていく。この段階では、グループ内で解釈や演出の上で様々な意見が交わされる可能性がある。単語・文法レベルの解釈では得られない、独善的な解釈から脱皮し一つの表現とするための調整が、学習者間で行われていくのである。

そして最終段階として、学級内で構成したいくつかのグループによる発表の場を設定する。学習者が自己の解釈を提示して、新たな解釈の視点を発見することが、更に広い範囲で実行されるわけである。この発表の場の的確な設定が、何より群読制作段階における学習者の切磋琢磨を刺激する最大の材料となるのはいうまでもあるまい。

五、群読評価の方法

これまでに述べたような理論で、「理解」＝「解釈」に重点を置いた群読が構成され、実際に「声」になってゆく。これが〈教室〉という場で行われる以上、やはり評価の問題が浮上するはずである。群読構成上の理論に即して、評価の観点について付言しておくことにする。

群読という性質上、評価も教員からの一方的なもののみではなく、構成・制作段階におけるグループ内での相互批評・評価、および発表段階での相互評価をすることが肝要である。なぜなら、群読を行う個々人が他人の朗読に耳を傾けることで、様々な発見の可能性があるからである。漠然と参考になるから聞くのではなく、適切に評価するために聞くという姿勢が、更に作品理解を深める契機となるのである。ここに主要な評価観点を示しておく。

①基礎的な読み方が正確であるか（歴史的仮名遣い・漢語・固有名詞）
②発声・発音（発表の場を考慮した発声・発音であるか）
③読むテンポ・間・強弱（内容を反映した演出的なテンポ・間の取り方・強弱・緩急があるか）

④解釈の反映（主題設定の明示・表現内容がうまく朗読として伝達されているか）
⑤独自の演出効果（小道具・衣装・効果音の利用などが主題設定に合致した演出か）

以上の五点のうち、①②はより基礎的なレベルでの評価内容であり、群読グループの間で、あまり大きな相違がない合意的な段階で確認されるべきものである。それに対して、③④⑤は、本章で主眼としてきた、「理解」＝「解釈」の提示と表現された群読がどれほど融合しているかという観点である。したがって、群読グループの中での力点の置き方も異なるであろうし、主題との融合性を評価の対象とするわけで、より相対的な評価となるであろう。もちろんこれは、学習段階に応じて評価の重点配分を可変的にしていく必要があると同時に、相互評価を含めて、群読構成段階以前から、学習者に伝達しておくべき内容である。

六、個の解釈を調整し表現する

以上述べてきたように、『平家物語』における、とりわけ合戦場面を教室で群読する際に、考えるべき内容を理論として提示してきた。論の前提として、『平家』合戦場面を含むテクストが、安定教材であるという位置づけをしたが、教材論や教科書における教材採択状況の議論は、本書の範囲を超えるので、ここでは言及しない。しかし敢えて、「群読」に適している条件を述べるならば、①登場人物の動作展開が速いため、場面が連続し、演劇的な進行が可能である。②登場人物が複数でありしかも発話が多く、役割分担が構成しやすい。③語り手の語る内容が場面展開に忠実に進行する。（一定の時間的連続性を伴う話が多く、一話で完結する場合が多い）などが考えられ得るであろう。

ここで考えてきた群読理論は、あくまで各個人が自己の「理解」＝「解釈」をグループの中で提示し、より客観的な議論や発見を伴いながら調整し進行する、「読み」の表現行為としての群読である。したがって、学習者自身が様々な視点で教材観を持ち得ることも可能であり、他者の「理解」＝「解釈」から学び、更に客観的な立場から自己の「読み」を点検する作業として位置づけることもできる。『平家物語』の群読を行うにあたり、その「音声」のあり方においても、また、教材の「読み」のあり方においても、一様な調和と均一のみを追求した学習活動からは、いかにしても脱しなければならない。「群」＝「グループ」を構成した朗読行為である「群読」は、決して学習者個人が、呼吸を揃えることのみに注意を払うような、集団に埋没するような方法が採られてはならない。群読は、個の「理解」＝「解釈」が、複数の議論により切磋琢磨した後に調整され、音声化による自己表現として体現する学習活動であるべきだと考える。

【実践構想の進行と指導上の留意点】

1、教材　『平家物語』木曾の最期・能登殿の最期

2、学習目標

（1）和漢混淆文の持つ対句的な文体リズムを音読し、味わいを深める。

（2）内容解釈に対して自分なりの考えを持ち、他者に示して意見交換をする。

（3）グループで工夫を凝らした脚本を制作し、教材を群読し発表する。

3、実践構想計画（五～七時間構成）と留意点（＊）

（1）単語・文法事項に注意して大筋が解釈できるようにする。

＊特に文法事項にこだわりすぎて詳細になり過ぎないように注意する。
＊現代語訳することが目的ではなく、古文を古文として理解するよう指導する。
＊後のグループ内の話し合いを活かすため、曖昧な部分を残すことも有効である。
（指導者による解釈の押しつけにならないように留意する。）

（2）大筋の解釈を基にして、音読により内容理解ができるようにする。
＊追従・一斉・指名・個別などの読み方を適宜組み合わせて進行する。
＊個別読みの時間を取ることで、他人の読み方に影響されずに読めるようにする。
＊声にすることで内容把握が進むことを示唆する。

（3）群読グループを構成し、解釈に基づき脚本を制作する。
＊一グループ三人～八人ぐらいまでが適当である。
（クラス状況に応じて柔軟に対処するようにする。）
＊教材内の発話者や語り手の特徴を把握し、どのように構成できるかを考える。
＊単純に役割を振り分けるのではなく、効果的な読み方になるよう工夫を促す。

（4）脚本に基づき、実際に分担して音読の練習を繰り返す。
＊読んでいて解釈に違和感があれば、グループ内で協議するよう指示する。
＊読み方以外で何か効果的な工夫（効果音・小道具）ができないかを模索するよう指示する。

＊脚本の教材原文を改編して（語の繰り返し・擬音語・擬態語など）効果的にならないかを検討させる。

（5）群読を練習した成果を、学級で発表する。

＊劇場のような特別教室があれば移動して実施できるようにする。

＊指導者を含めて客観的な視点で相互評価するようにする。

＊学年・学校全体・文化祭など、発表機会は可能な限り拡大し、優秀な班は次の段階へ進むようにすると、次第に切磋琢磨されてよりよい作品を生み出すことになる。

【脚本参考例】

木曾の最期

【読み手の配役】

ABCDE＝語り手・その他

F＝今井四郎兼平

G＝木曾義仲

（A）木曾左馬頭、その日の装束には、赤地の錦の直垂に、唐綾威の鎧着て、（B）鍬形打つたる甲の緒締め、厳物作りの大太刀はき、(C) 石打ちの矢の、その日のいくさに射て少々残つたるを、頭高に負ひなし、(D) 滋籐の弓持つて、聞こゆる木曾の鬼葦毛といふ馬の、きはめて太うたくましいに、黄覆輪の鞍置いてぞ乗つたりける。(A) 鐙ふんばり立ち上がり、大音声をあげて名のりけるは、(G)「昔は聞きけんものを、木曾の冠者、今は見るらん、左馬頭兼伊予守、朝日の将軍源義仲ぞや。甲斐の一条次郎とこそ聞け。互ひによい敵ぞ。義仲討つて兵衛佐に見せよや。」(A) とて、をめいて駆く。一条次郎、(F)「ただいま名のるは大将軍ぞ。あますな者ども、もらすな若党、討てや。」(A) とて、大勢の中に取りこめて、我討つ取らんとぞ進みける。(B) 木曾三百余騎、六千余騎が中を (C) 縦さま・(D) 横さま・(E) 蜘蛛手・(A) 十文字に駆けわつて、後ろへつつといでたれば、(A)(B)(C)(D)(E) 五十騎ばかりになりにけり。(A) そこを破つて行くほどに、土肥二郎実平、二千余騎でささへたり。(B) それをも破つて行くほどに、(C) あそこでは四、五百騎、(D) ここでは二、三百騎、(E) 百四、五十騎、(A) 百騎ばかりが中を、(B)(C)(D)(E) 駆けわり駆けわり行くほどに、(A) 主従五騎にぞなりにける。(B) 五騎がうちまで巴は討たれざりけり。木曾殿、(G)「おのれは、疾う疾う、女なれば、いづちへも行け。我は討死せんと思ふなり。もし人手にかからば自害をせんずれば、木曾殿の最後のいくさに、女を具せられたりけりなんど言はれんことも、しかるべからず。」(A) とのたまひけれども、なほ落ちも行かざりけるが、あまりに言はれ奉つて、(B)「あつぱれ、よからう敵がな。最後のいくさして見せ奉らん。」(A) とて、控へたるところに、武蔵国に聞こえたる大力、御田八郎師重、三十騎ばかりでいで来たり。(B) 巴その中へ駆け入り、御田八郎に押し並べて、(C) むずと取つて引き落とし、我が乗つたる鞍の前輪に押しつけて、(A) ちつとも働かさず、首ねぢ切つて捨ててんげり。(B) その後、物具脱ぎ捨て、東国の方へ落ちぞ行く。(C) 手塚太郎討死す。(D) 手塚別当落ちにけり。

（E）今井四郎、木曾殿、主従二騎になつてのたまひけるは、（G）「日ごろは何ともおぼえぬ鎧が、今日は重うなつたるぞや。」（E）今井四郎申しけるは、（F）「御身もいまだ疲れさせたまはず。御馬も弱り候はず。何によつてか、一両の御着背長を重うは思しめし候ふべき。それは味方に御勢が候はねば、臆病でこそさは思しめし候へ。兼平一人候ふとも、余の武者千騎と思しめせ。矢七つ八つ候へば、しばらく防ぎ矢つかまつらん。あれに見え候ふ、粟津の松原と申す。あの松の中で御自害候へ。」（E）とて、打つて行くほどに、また新手の武者五十騎ばかりいで来たり。（F）「君はあの松原へ入らせたまへ。兼平はこの敵防ぎ候はん。」（E）と申しければ、木曾殿のたまひけるは、（G）「義仲、都にていかにもなるべかりつるが、これまで逃れ来るは、汝と一所で死なんと思ふためなり。所々で討たれんよりも、ひと所でこそ討死をもせめ。」（E）とて、馬の鼻を並べて駆けんとしたまへば、今井四郎、馬より飛び降り、主の馬の口に取りついて申しけるは、（F）「弓矢取りは、年ごろ日ごろいかなる高名候へども、最後の時不覚しつれば、長ききずにて候ふなり。御身は疲れさせたまひて候ふ。続く勢は候はず。敵に押し隔てられ、言ふかひなき人の郎等に組み落とされさせたまひて、討たれさせたまひなば、『さばかり日本国に聞こえさせたまひつる木曾殿をば、それがしが郎等の討ち奉つたる。』なんど申さんことこそ口惜しう候へ。ただあの松原へ入らせたまへ。」（E）と申しければ、木曾、（G）「さらば。」（E）とて、粟津の松原へぞ駆けたまふ。

（A）今井四郎ただ一騎、五十騎ばかりが中へ駆け入り、（B）鐙ふんばり立ち上がり、大音声あげて名のりけるは、（F）「日ごろは音にも聞きつらん、今は目にも見たまへ。木曾殿の御乳母子、今井四郎兼平、生年三十三にまかりなる。さる者ありとは、鎌倉殿までも知ろしめされたるらんぞ。兼平討つて、見参に入れよ。」（B）とて、射残したる八筋の矢を、差しつめ引きつめ、さんざんに射る。（C）死生は知らず、やにはに敵八騎射落とす。（D）その後、打ち物抜いて、（E）あれに馳せ合ひ、（A）これに馳せ合ひ、切つて回るに、(B)(C)(D)(E)面を合はする者ぞなき。(A)分捕りあまたしたりけり。(B)ただ、(C)「射取れや。」(B)とて、中に取りこめ、雨の降るやうに射けれども、鎧よければ裏かかず、(A)あき間を射ねば手も負はず。

(A)木曾殿はただ一騎、粟津の松原へ駆けたまふが、(B)正月二十一日、入相ばかりのことなるに、(A)薄氷は張つたりけり、深田ありとも知らずして、(B)馬をざつと打ち入れたれば、馬の頭も見えざりけり。(C)あふれどもあふれども、(D)打てども打てども働かず。(A)今井がゆくへのおぼつかなさに、振り仰ぎたまへる内甲を、(B)三浦の石田次郎為久おつかかつて、よつ引いて(A)ひやう(B)(C)(D)(E)ふつ(A)と射る。(B)痛手なれば、真向を馬の頭に当ててうつぶしたまへるところに、(A)石田が郎等二人落ち合うて、つひに木曾殿の首をば取つてんげり。(B)太刀の先に貫き、高くさし上げ、大音声をあげて、(C)「この日ごろ日本国に聞こえさせたまひつる木曾殿をば、三浦の石田次郎為久が討ち奉つたるぞや。」(E)と名のりければ、(A)今井四郎いくさしけるが、これを聞き、(F)「今は誰をかばはんとてか、いくさをもすべき。これを見たまへ、東国の殿ばら。日本一の剛の者の自害する手本。」(A)とて、太刀の先を口に含み、(B)馬より逆さまに飛び落ち、貫かつてぞ失せにける。(A)さてこそ粟津のいくさはなかりけれ。（巻九）

能登殿の最期

【読み手の配役】

ＡＢＣ＝語り手・その他

D＝能登殿

（A）およそ能登守教経の矢先にまはる者こそなかりけれ。矢だねのあるほど射尽くして、（B）今日を最後とや思はれけん、（A）赤地の錦の直垂に、唐綾威の鎧着て、厳物づくりの大太刀抜き、白柄の大長刀の鞘をはづし、左右に持つてなぎまはりたまふに、面を合はする者ぞなき。多くの者ども討たれにけり。（C）新中納言、使者をたてて、（B）「能登殿、いたう罪な作りたまひそ。さりとて、よき敵か。」（C）とのたまひければ、（D）「さては、大将軍に組めごさんなれ。」（C）と心得て、打ち物茎短に取つて、源氏の船に（A）乗り移り（B）乗り移り、（A）（B）（C）をめき叫んで攻め戦ふ。（C）判官を見知りたまはねば、物の具のよき武者をば判官かと目をかけて、馳せまはる。判官もさきに心得て、面に立つやうにはしけれども、とかく違ひて能登殿には組まれず。されども、いかがしたりけん、判官の船に乗りあたつて、（D）あはや（C）と目をかけて飛んでかかるに、判官（B）かなはじ（C）とや思はれけん、長刀わきにかいはさみ、味方の船の二丈ばかり退いたりけるに、ゆらりと飛び乗りたまひぬ。（B）能登殿は、早業や劣られたりけん、（C）やがて続いても飛びたまはず。（D）今はかう（C）と思はれければ、太刀・長刀海へ投げ入れ、甲も脱いで捨てられけり。鎧の草摺かなぐり捨て、胴ばかり着て、大童になり、大手を広げて立たれたり。およそあたりをはらつてぞ見えたりける。恐ろしなんどもおろかなり。能登殿大音声を上げて、（D）「われと思はん者どもは、寄つて教経に組んで生け捕りにせよ。鎌倉へ下つて、頼朝に会うて、ものひとことば言はんと思ふぞ。寄れや寄れ。」（C）とのたまへども、寄る者一人もなかりけり。

（A）ここに、土佐の国の住人、安芸郷を知行しける安芸の大領実康が子に、安芸太郎実光とて、三十人が力持つたる大力の剛の者あり。われにちつとも劣らぬ郎等一人、弟の次郎も普通にはすぐれたるしたたか者なり。安芸太郎、能登殿を見たてまつて申しけるは、(C)「いかに猛うましますとも、われら三人とりついたらんに、たとひ丈十丈の鬼なりとも、などか従へざるべき。」(A)とて、主従三人小船に乗つて、能登殿の舟に押し並べ、(B)(C)「えい。」(A)と言ひて乗り移り、甲の錣をかたぶけ、太刀を抜いて一面に討つてかかる。能登殿ちつとも騒ぎたまはず、まつ先に進んだる安芸太郎が郎等を裾を合はせて、海へどうど蹴入れたまふ。続いて寄る安芸太郎を弓手のわきに取つてはさみ、弟の次郎をば馬手のわきにかいはさみ、ひと締め締めて、(D)「いざ、うれ、さらばおのれら、死途の山の供せよ。」(A)とて、生年二十六にて海へつつとぞ入りたまふ。（巻第十一）

注

（1）大津雄一「義仲の愛そして義仲への愛」『〈新しい作品論〉へ〈新しい教材論〉へ［古典編2］』三〇四頁（右文書院・二〇〇三年）
（2）兵藤裕己『平家物語――「語り」のテクスト』・十五頁（ちくま新書・筑摩書房・一九九八年）
（3）木下順二『古典を訳す』（福音館書店・一九七八年）
（4）注1に同じ。
（5）大津雄一「何のために――『平家物語』群読の危うさ――」『声の力と国語教育』（早稲田教育叢書二五・学文社・二〇〇七年）
（6）『国語教育研究大辞典』高橋俊三氏項目執筆・国語教育研究所編（明治図書・一九八八年）
（7）高橋俊三『群読の授業』二三七頁（明治図書・一九九〇年）
（8）注2前掲書　九七頁

あとがき

〈教室〉で「文学」を豊かに読みたいと思うのは、指導者と学習者との共通した願いであるはずだ。「文学」は虚構という仕組みの中で、人間の喜怒哀楽・葛藤・苦悶・不条理から幸福に至るまでの諸相を存分に描いている。人が生きていくうえで不可欠な心身の均衡を安定させるために、各人の内部で実効力を伴って機能するはずなのである。そんな思いから、僕は毎年、大学における授業の最後に次のことばを学生たちに贈ることにしている。

「文学こそ実学である」

社会科学や理数系分野の学問が、就職その他の社会的実益として有利に作用する目先の幸福に目が眩む人々が多いせいか、いまや「文学」という学問分野の危機が様々な場面で訴えられている。しかし、果たして「文学」の危機は、「文学」そのものの責任なのかというと、そうとばかりもいえない。「文学」が豊饒な芽を出す土壌が、全くといってよいほど耕されていない現状が大きく作用しているのではないかと実感するのである。誰しもが経験する学校教育の現場で、「文学」を享受する思考が練磨されているかといえば、甚だ懐疑的である。全ての人々に訴えかける平等な機会である〈教室〉において、各人が豊かに「文学」と向き合える環境へと改善することも、「文学」の〝危機管理〟としては必須なのではないかという思いを強くするのである。研究分野として語るならば、「文学」と「国語教育」は、背中合わせになることなく正面から向き合い融合して行かなければならないはずなのである。

だがしかし、高校教育を修了したばかりの大学生に問い掛けると、「国語が好きではなかった」という感想が多く聞かれる。それを短絡的に受け止めず更に内実を質してみると、「国語」で扱う「文学」が嫌いだったわけではなく、その学習方法・環境に嫌悪する部分が多々あったということに気付かされる。その嫌悪の最たる例が、〈教室〉での「音読」ではないかと、僕は常々感じて来たのである。

教材に最初に出会う授業で、個人が指名されて「音読」を強制される。その「文学」を読もうとする意欲も湧いていない状態で、公的な構えで「声に出して」読まなければならないのは、どうしても苦痛が先行する学習者が多い。仮に、ある学習者が大変意欲的に「音読」を実行したとしよう。すると〈教室〉内における個々の「文学」へ向き合う姿勢の差異から、より意欲的な側が異質であるかのような視線を受ける可能性がある。その結果、意欲的な学習者の方が周囲から排除されるような抵抗を受ける。そんな〝空気〟が蔓延する〈教室〉で、多くの学習者は、指導者と周囲からの両面により抑圧されることで、均衡を保つことを意図し、実に精神的に孤独な闇の中で「音読」という課題を敢行する。その抑圧された頽廃的な「声」は、周囲の学習者の心に届くこともなく、ただひたすら時間だけを消化しようとする、まさに〝孤読〟な状態を持続しなければならないのである。こうした〈教室〉での「音読」という方法自体が、学習者の「文学」への意欲をも削いでしまう結果になっているのは、実に嘆かわしいと僕は長年思い続けてきた。〈教室〉での目的なき「声」による〝孤読〟を何としても解消せねば、「文学」へ目を向ける健全な心に種を蒔くこともできないと自覚したことに、本書の原点はあるといってよい。〈教室〉において「声」を介在させ、豊かに

「文学」を読む為の方法を模索した結果、得られた成果を本書はまとめたものである。

最後にとっておきの話をしよう。それは僕が「音読・朗読」にこだわりを持つ根源になっていることだ。幼稚園の時、節目の時季になると必ず学芸会のような行事が催されていた。特に年末ともなるとクリスマス会と称して、寒い冬ながら温かい雰囲気の会が実施されていた。そこで最後の締め括りとなる出し物が、園長の紙芝居であった。それはアンデルセンの「マッチ売りの少女」で、話の筋や絵の美しさを今でも鮮明に記憶している。なぜ、そんな幼少の記憶が克明に刻まれているかというと、少女がマッチを擦る段になると、紙芝居画上に貼り付けられているマッチ箱の茶色い側薬で、童話を語る園長が実際にマッチを擦るという演じ方を実践していたからだ。物語世界に浸っていた僕ら幼児たちは、「現実」としての炎を見た瞬間、「うわっー!」という驚きの声を上げて、物語なのか現実なのかがわからないというような不思議な感激に包まれた。僕自身も周囲に負けないぐらいの声を上げて、その舞台上の園長の指先で燃えるマッチの「炎」を、燃え尽きるまで集中して見続けていた。たぶん時間にして最大5秒ぐらいの出来事であっただろう。だが、その短い時間の中で燃え上がる「炎」には、物語の中で少女が豊かな夢を見るという思いが乗り移っており、それを現実の「炎」で見せられたとき、夢を持つことで湧く力や夢は刹那に消えゆくことを、単にことばのみでなく物語として肌で体感したのだと後になって思った。物語に興味をもち感激を味わうには、予想もしない「驚嘆」が必要なのである。まさに、この体験で〝火がついた〟僕自身の物語を読もうとする心は、その後、本に向かうのが何よりの楽しみという習慣となって定着した。今でも書物を読んでいて、深い「驚嘆」を心に抱く文章に邂逅すると、まさにマッチに「炎」が灯ったごとくに、脳裏を多彩な明かりが照らすのである。人生とは物語的「驚嘆」に出逢うことで、何倍にも豊かになるのだ。

この小さなマッチを擦ってくれたのは、学校法人道灌山幼稚園園長（東京都荒川区）・高橋系吾先生である。高橋園長は「教育は心を育てる心育である　心は「思いやりとやる気」で人間性ともいう　教育をすると言うことは人間性に火がついて社会の光となり　世の中を明るく暖かくすることである　この光のない教育は　教育したことにならない」という信条をもっていた。また「教育で大切なことは　教育内容をたくさん教えることでも　暗記を多くすることでも　物知りにすることでもない　自分の心から　実物をみたい　話をしてみたい　やってみたい　聞いてみたい　調べてみたいと思う「やる気と・根気」を　育てることが大切である」ということばを遺している。そして前述した紙芝居を始め、人形劇・伝承玩具・童謡遊び・おどり・幼児劇などを存分に取り入れた保育を実践していた。話を聴き・声を出し・道具で愉しみ・身体で躍動し・物語を演じることで、僕たち園児の感性は豊かに育った。「教育」という分野に自らが仕事として関わるようになってから、高橋園長のこうしたことばや実践を振り返り、その効用の大きさを改めて実感した。序章に書き連ねた「音読・朗読」へ魅せられていった僕自身の強い思いは、高橋園長がその礎を築いてくれていたのだと改めて深く感謝している。人間の根本的なコミュニケーションが危うい現在、「人の話を聴くときは……相手の眼を見てしっかり聴きます。」という高橋園長が毎回唱えていた「声」が、今も心の中で反芻されるのである。二〇〇八年十二月、高橋系吾園長は天へと旅立ったが、一人の教え子としていまその意志を何らかの形にしたいという思いも込めて、このささやかな一書を世に送り出そうと思うのである。

昨今の社会事情やそれを反映した〈教室〉を見るにつけ、「声」による活性化したコミュニケーションが危機的な状況にあるのではないかという懸念を強くする。携帯電話などを媒介とするＷｅｂ上での「ことば」のやりとりは、二〇一〇年代に入り、更に身近で手軽に利用できるようになった。年齢や職業を問わず、膨大な「ことば」による情報に接し、その中で自分の立場を見極めなければならない状況に誰しもが置かれている。それを有効に利用すれば、今までには計り知れなかった世界と出逢う可能性も大きくなった。僕たちこれまでには想像もできない人々とのコミュニケーションが、いとも簡単に行えるようにもなった。僕たちは、実に豊かな時代を生きているのである。だがしかしその一方で、こうした情報の氾濫に呑み込まれてしまう危険性も高い。責任の所在が曖昧な匿名による情報が巷間に大量に流れ出て、相互に名乗らないままに攻撃し合うような不毛な争いさえ生じている。だからこそ、情報の受信発信に責任を持って自らの意志で判断できる個人こそが、この上なく重要になってきているのではないだろうか。そんな個人に必要なのが、ライブ性をもった「声」なのであると僕は思っている。

Ｗｅｂ上へ情報を送受信して、その情報を精査し、情報に基づいて行動をする。その現実の場において、自分自身の存在を確かめることばを「声」として上げられるかどうかが、格段に重要な時代なのである。ゆえに、社会という大海原へと出る前の〈教室〉において、こうした「声」を上げ、それで「思考」を攪拌する作業を、ぜひとも行う必要があるのだ。こうした時代であるからこそ、「自分の心から　実物をみたい話をしてみたい　やってみたい　聞いてみたい　調べてみたいと思う」心が〈教室〉になければならないのである。大量の知識とその暗記は、常に傍らのＰＣが担ってくれるのであるから。

僕自身も、この一書で己の構想を世に問い掛けながら、ライブ性のある場の確保を決して諦めない。大学を始めとする様々な〈教室〉で、「声で思考する」場を創り出していきたい。「声」に驚嘆し新たな世界を知る人々と、一人でも多くコミュニケーションをとっていきたいと願う。こうした構想を具現化する場の情報は、自身のブログやTwitterを通して積極的に拡げていきたいと思う。

本書をお読みいただいた多くの方々が、ぜひこうした「声で思考する」場を訪れていただけることを切に願っている。その出逢いから、お互いにとって貴重な人間関係的資本が生まれると信ずるがゆえに。

本書の内容は、早稲田大学大学院教育学研究科に提出した学位請求論文のうち国語教育分野を主体に修正を加え、必要と思われるジャンル・方法を加筆したものである。当初、二〇〇七年度のうちに学位論文を提出する予定であったが、指導教授の津本信博先生が、その年の七月に急逝された。そのショックにより悲嘆に暮れる日々を過ごしていたが、自らが〈教室〉にいることを自覚したとき、後退は許されないことを悟った。この立ち直りは、津本先生が修士課程入学時から、僕を常に激励しつつ教示してくれていた「日本一の教材研究をせよ」ということばの延長上にある。古典研究を究め、「国語科内容学」として高次元の研究をすることが、〈教室〉で教える者の使命であると僕は受け止めていた。津本先生の研究室では、常にゼミの時間を夕刻からに設定していた。それは、現職教員であってもゼミに参加できる可能性を拓くためであったと理解している。勤務時間を終えて、ゼミに向かう僕の心はいつも奮い立っていた。その必死で学ぼうとする姿勢なくして、僕は〈教室〉で教えられないと思っている。古典研究と同時に国語教育にも深い造詣と認識を示され、自ら現職教員を大切にしてくれた天においでになる津本先生にも、この一書を捧げたいと思う。

本書は、そうした〈教室〉の中で、僕自身が展開してきた実践を元にした部分も多いが、それを単なる報告で終わらせたくないという思いが強い。書名や各章に「構想」という語を使用したのはその表れである。〈教室〉という現場と、大学院という研究の場の往来を無謀にも成し遂げた、汗と泥にまみれた中から生まれた「思考」を、ぜひとも多くの方々に汲み取っていただき、自らの「実践」として展開していただきたいと願っている。

本書を世に問うまでには、表現しきれないほどの紆余曲折があった。そのどんな場面においても、常に学問の大切さを伝えてくれたのが西尾孝先生である。序章で「古典クラスでの出来事」として述べた高校三年次受験対策講習の「英文法クラス」で出会った西尾先生であるが、まさにその当時は受験界の神様のような存在であった。それにも関わらず、僕は図々しくも足繁く講師室に出向いて質問を繰り返した。その結果、西尾先生の母校である早稲田大学受験を突破でき、その後も折あるごとに様々な学問の話をしていただく機会を得ている。そんな中で、「英文学と国文学で分野は違うが、今や君だけが常に訪ねて来て学問の話をしてくれている。」というおことばをいただき、身に余りある光栄だと感じている。先生には遅まきながら、この一書を直接届けられる日が来たことは、僕にとってのささやかな恩返しだと思っている。

また、僕自身が「音読・朗読」の実践の場を確保し、また理論を討議する場として早稲田大学国語教育学会・研究部会「朗読の理論と実践の会」を設立し運営して来られたということは貴重であった。その運営に当たり、早稲田大学教育学部教授の金井景子先生には、企画・開催に関してのご尽力とともに常に様々なアイディアを提供していただき、多くの優れた先生方や活力ある学生と引き合わせて、大学という舞台の〈教室〉に僕を導いて下さったことには、深い感謝の意を表したいと思う。本書の多くの理論と実践構想は、この研鑽の場から熟成したものである。併せて、朗読面では早稲田大学の大津雄一先生、博士論文審査にあたり福家俊幸先生にも大変お世話になり、この場を借りて御礼申し上げたい。

最後になるが、いかなる時も僕自身の学問への歩みを信じて見守り続けてくれている両親と家族にも、感謝の意を添えておきたい。子供の時から常に父は「人間は誰でも持ち時間は二四時間、それを活かすのは自分自身だ。」と自らが働く姿勢を見せて教えてくれた。母は、「人生後ろを振り返っても何も生まれない。ただ前だけを見て進むべきだ。」ということばを優しく伝えてくれた。いま本書が形を成すのは、こんな家族の温かい「声」に支えられている。

本書刊行にあたり、ひつじ書房の社長であり編集長の松本功さんは、企画提案段階から快く受け入れて下さった。また編集部の森脇尊志さんには、編集・校正にわたり様々な助言を賜った。この場をお借りしてお二人にも深謝申し上げたい。

僕自身の「声で思考する」研究は、まだ始まったばかりである。

二〇一二年四月　中村佳文

「音読・朗読」関連　参考文献

＊ここでは、「音読・朗読」に関連する参考文献として、概ねこの約十年間に刊行された、比較的入手しやすいものを中心に刊行順に列挙する。

（辞典類）
『音声言語指導大事典』高橋俊三編　明治図書　一九九九年
『ＮＨＫ日本語発音アクセント辞典』ＮＨＫ放送文化研究所　日本放送出版協会　一九九八年
『新明解日本語アクセント辞典』秋永一枝　三省堂　二〇一〇年

（学校教育・国語教育関連）
『意欲と能力を育てる国語の授業　理解・表現・朗読』高橋俊三　教育出版　一九八四年
『群読の授業』高橋俊三　明治図書　一九九〇年
『音声言語の授業第四巻　音読・朗読・群読の指導』高橋俊三編　明治図書　一九九四年
『群読をつくる』家本芳郎　高文研　一九九四年
『古典の群読指導・細案』高橋俊三監修　明治図書　一九九六年
『授業のなかの朗読』日本演劇教育連盟　晩成書房　一九九八年
『音読で国語力を確実に育てる』高橋俊三　明治図書　二〇〇一年
『音読・朗読・暗唱で国語力を高める――基礎・基本・統合発信力を獲得する授業づくり』瀬川榮志監修・福本菊江編著　明治図書　二〇〇三年

『いつでもどこでも群読』家本芳郎　日本群読教育の会　高文研　二〇〇三年
『音読の響きあう町』田口小学校・高橋俊三　明治図書　二〇〇三年
『教師の朗読・話し方教室　復刻新版』永井智雄　ルック　二〇〇四年
『声の復権と国語教育の活性化』町田守弘　明治図書　二〇〇五年
『声の力と国語教育』大津雄一・金井景子　学文社　二〇〇七年
『朗読日和』長谷由子　彩流社　二〇〇七年
『声を届ける　音読・朗読・群読の授業』高橋俊三　三省堂　二〇〇八年
『朗読聴取に関する教育心理学的研究』藪中征代　笠間書院　二〇〇八年
『音読・朗読・暗唱の育て方（新国語科重点指導六）』市毛勝雄　明治図書　二〇〇九年
『田村操の朗読教室』田村操　子どもの未来社　二〇〇九年
『聞き手参加型の音読学習』寺井正憲　東洋館出版社　二〇〇九年
『論理が身につく「考える音読」の授業文学アイデア五〇』桂聖編著「考える音読」の会著　東洋館出版社　二〇一一年
『論理が身につく「考える音読」の授業説明文アイデア五〇』桂聖編著「考える音読」の会著　東洋館出版社　二〇一一年
『「声に出して読む」ということ』筑波大学附属高等学校国語科　東洋館出版社　二〇一一年

（朗読論）
『読み聞かせこの素晴らしい世界』ジム・トレリース　亀井よし子訳　高文研　一九八七年
『群読をつくる』家本芳郎　高文研　一九九四年
『朗読の楽しみ』幸田弘子　光文社　二〇〇二年
『声に出して読もう　新装改訂版　朗読を科学する』杉藤美代子　明治書院　二〇〇三年
『これが本当の朗読だ』高梨敬一郎　大阪書籍　二〇〇五年
『はじめての朗読レッスン』川和孝　新水社　二〇〇六年
『音読・朗読入門』杉藤美代子・森山卓郎　岩波書店　二〇〇七年
『朗読は楽しからずや』久米明　光文社　二〇〇七年

『朗読の理論』東百道　木鶏社　二〇〇八年

（音読・朗読テキスト・群読）
『声に出して読みたい日本語一〜六』齋藤孝　草思社　二〇〇一年〜二〇一〇年
『家本芳郎と楽しむ群読』家本芳郎　高文研　二〇〇一年
『群読ふたり読み』家本芳郎編・脚色　高文研　二〇〇三年
『朗読・群読ことばあそび』葛岡雄治　ルック　二〇〇三年
『すぐ使える群読の技法』重水健介　高文研　二〇〇七年
『音読・群読エチュード』水城雄　ラピュータ　二〇一一年
『一分で音読する古典』横山験也　ほるぷ出版　二〇一一年
『ひとことで音読する古典』横山験也　ほるぷ出版　二〇一一年

（発声・身体）
『話すということ』竹内敏晴　国土社　一九九四年
『発声と身体のレッスン』鴻上尚史　白水社　二〇〇二年
『毎日五分の朗読トレで身につく！伝わる声の出し方・話し方』飯島晶子　日本実業出版社　二〇〇八年
『発声楽入門講座』西川慶　東京図書出版会　二〇一〇年
『演技と演出のレッスン』鴻上尚史　白水社　二〇一一年
『声の呼吸法』米山文明　平凡社　二〇一一年

（作品ジャンル別・CD付等）
『和歌を歌う　歌会始と和歌披講』財団法人日本文化財団編　笠間書院　二〇〇五年
『声にして楽しむ源氏物語』瀬戸内寂聴著　日本朗読文化協会編　講談社　二〇〇五年
『えんぴつでなぞる・CDで歌える百人一首』青柳隆志監修　ナツメ社　二〇〇七年

『源氏絵物語』伊井春樹　ソフトバンククリエイティブ　二〇〇八年
『聞いて楽しむ俳句』辻桃子　創元社　二〇〇八年
『聞いて楽しむ百人一首』兼築信行　創元社　二〇〇九年
『声に出して覚えたい！中国語で詠む漢詩二五首』山口直樹　アルク　二〇〇九年
『聞いて楽しむ菜根譚』田口一郎　創元社　二〇一〇年
『聞いて楽しむ聖書のことば』船本弘毅　創元社　二〇一〇年
『聞いて楽しむ論語』兒玉憲明　創元社　二〇一一年
『聞いて楽しむ漢詩一〇〇選』石川忠久　NHK出版　二〇一一年
『絵と朗読で愉しむ平家物語』上・下　安野光雅画・杉本圭三郎訳　講談社　二〇一一年

（文庫・新書）
『素読のすすめ』安達忠夫　講談社現代新書　一九八六年
『教師のためのからだとことば考』竹内敏晴　ちくま学芸文庫　一九九九年
『朗読声の贈りもの』松丸春生　平凡社新書　二〇〇一年
『朗読力』堤江美　ＰＨＰエル新書　二〇〇三年
『脳と音読』川島隆太・安達忠夫　講談社現代新書　二〇〇四年
『発声力』亀淵友香　ＰＨＰ文庫　二〇〇六年
『声が生まれる　聞く力・話す力』竹内敏晴　中公新書　二〇〇七年
『朗読してみたい中国古典の名文』渡辺精一　祥伝社新書　二〇〇七年
『朗読のススメ』永井一郎　新潮文庫　二〇〇九年
『ぼくらの言葉塾』ねじめ正一　岩波新書　二〇〇九年
『コミュニケーション力を引き出す―演劇ワークショップのすすめ』平田オリザ・蓮行　ＰＨＰ新書　二〇〇九年
『日本語を書く作法・読む作法』阿刀田高　角川文庫　二〇一一年
『聞く力　心をひらく35のヒント』阿川佐和子　文春新書　二〇一二年

（その他）
『現代文の朗読術　実践編』杉澤陽太郎・NHK放送研修センター日本語センター編著　日本放送出版協会　二〇〇四年
『北村薫の創作表現講義』北村薫　新潮選書　二〇〇八年
『朗読療法』橘由貴　駿河台出版社　二〇〇八年
『朗読と著作権』定武禮久　アビランス工房　二〇〇九年
『あなたもアナウンサーになれる』鎌田正明　講談社　二〇一一年

出典一覧

第二章

『竹取物語』
『徒然草』
『伊勢物語』
『枕草子』
『平家物語』
『おくのほそ道』

『新編日本古典文学全集』（小学館）に拠る。
ただし、漢字と仮名を適宜改めた箇所がある。

第三章

谷川俊太郎

「朝のリレー」――『谷川俊太郎詩集』（日本の詩人一七・河出書房・一九六八年）
「いるか」――『ことばあそびうた』（福音館書店・一九七三年）
「生きる」――『うつくむ青年』（サンリオ出版・一九七一年）

『百人一首』

二番歌・五番歌――『王朝秀歌選』（岩波文庫）「百人一首」（岩波書店・一九八三年）
ただし、漢字と仮名を適宜改めた箇所がある。

『古今和歌集』

四八八・五六〇・五〇九――『新編日本古典文学全集』『古今和歌集』（小学館・一九九四年）

ただし、漢字と仮名を適宜改めた箇所がある。

三好達治

「土」――『三好達治全集第一巻（南窗集）』（筑摩書房・一九六四年）

山村暮鳥

「雲」――『山村暮鳥全集第一巻（雲）』（筑摩書房・一九八九年）

第四章

『走れメロス』――『太宰治全集三』（筑摩書房・一九八九年）

朗読劇脚本として改編再構成を施してある。

第五章

唐詩＝「送元二使安西」・「春暁」・「静夜思」――『全唐詩』（中華書局・一九六〇年版）

井伏鱒二『厄除け詩集』（筑摩書房・一九七七年）

土岐善麿『鶯の卵　新訳中国詩選』（筑摩叢書二九六・筑摩書房・一九八五年）

第六章

『枕草子』

『源氏物語』

『和泉式部日記』

『更級日記』

『新編日本古典文学全集』（小学館）に拠る。
ただし脚本作成上、漢字と仮名を適宜改めた箇所がある。

第七章
『平家物語』「木曾の最期」・「能登殿の最期」
『新編日本古典文学全集』（小学館）に拠る。
ただし脚本作成上、漢字と仮名を適宜改めた箇所がある。

初出一覧

序　章――書き下ろし

第1章――書き下ろし

第2章――『月刊国語教育』（二〇〇四年一月号）「特集・音読・朗読・暗唱の有効性」

「古典冒頭文の音読から朗読へ――解釈作業の介在」をもとに加筆増補

第3章――『月刊国語教育』（二〇一〇年一一月号）「特集・音声言語指導の授業仕分け」

「創作・思考する音読・朗読」をもとに加筆増補

第4章――『月刊国語教育』（二〇〇六年九月号）「特集・声の復権による活性化」

「『走れメロス』を声で読む――想像力の喚起と自己表現を目標に」をもとに加筆増補

第5章――『早稲田大学国語教育研究　第一九集』（一九九九年三月）

「漢詩教材「音読」の理論と効用――授業多様化のための一試論」をもとに加筆増補

第6章――著者学位論文　第一六章による

第7章――『早稲田大学国語教育研究　第二五集』（二〇〇五年三月）

「『平家物語』群読の理論と効用――解釈から表現への授業展開」をもとに加筆増補

さ

た

な

は

ま

索引

あ

か

【著者紹介】

中村佳文（なかむら よしふみ）

〈略歴〉

一九六四年東京都北区田端生まれ。早稲田大学大学院教育学研究科博士後期課程修了。専攻は、国語教育・音声表現・和漢比較文学（中古文学）。帝京中学高等学校・山崎学園富士見中学高等学校の二校で長年にわたり専任教諭。現在、早稲田大学・桜美林大学講師。早稲田大学国語教育学会研究部会「朗読の理論と実践の会」責任者。博士（学術）。

〈主な著書・論文〉

『声の力と国語教育』（共著・学文社）、『日記文学研究第三集』（共著・新典社）、『新時代の古典教育』（共著・学文社）、「寛平内裏菊合の方法 —— 和歌表現の再評価」（『国文学研究　第一五八集』）、「宮滝御幸記の叙述と和歌表現」（『日記文学研究　第九号』）、「古今和歌集教材論」（『早稲田大学国語教育研究　第二九集』）、「実践への理論的批評と対話 —— 自らの「声」を見つめて」（『早稲田大学国語教育研究　第三〇集』）、等。

声で思考する国語教育

——〈教室〉の音読・朗読実践構想

発行　二〇一二年四月二一日　初版一刷

定価　二二〇〇円＋税

著者　©中村佳文

発行者　松本功

装丁者　上田真未

印刷・製本所　株式会社 シナノ

発行所　株式会社 ひつじ書房

〒一一二-〇〇一一

東京都文京区千石二-一-二　大和ビル二階

Tel. 03-5319-4916　Fax. 03-5319-4917

郵便振替00120-8-142852

toiawase@hituzi.co.jp　http://www.hituzi.co.jp/

ISBN978-4-89476-605-1　C1091